MARCELLO GAGLIANI CAPUTO

BAD BOYS. I GRANDI CATTIVI DEL CINEMA
Dagli inizi agli anni '40

«*Ogni film vale solo quanto il suo cattivo. Dato che gli eroi e gli espedienti tendono a ripetersi di pellicola in pellicola, solo un grande cattivo può trasformare una buona prova in un trionfo*».

Roger Ebert

INDICE

GLI INIZI: NASCONO I PRIMI CATTIVI

La storia ci ha insegnato che in ogni racconto (cinematografico o letterario) al protagonista (o eroe) si contrappone una figura opposta, il cui unico scopo è avere la meglio sul rivale. Uccidere, umiliare o, più semplicemente, far fallire il fine ultimo dell'avversario è la missione dell'antagonista, un personaggio che se, all'inizio, era un semplice sparring-partner dell'eroe, destinato a un inevitabile fallimento, con gli anni si è evoluto a una velocità straordinaria. Il suo spazio all'interno delle storie è aumentato fino a togliere, in alcuni casi, la scena al suo avversario. Se, però, la caratteristica principale dell'antagonista è quella di incarnare l'opposto di ciò che il protagonista rappresenta, quella del cattivo è la sua naturale evoluzione. A quest'ultimo, non interessano i piani dell'eroe a cui si contrappone, perché è stimolato soltanto da una natura corrotta, che lo spinge a mettere in atto comportamenti e azioni deplorevoli per un egoistico tornaconto personale. Eppure, nonostante questa sua natura malvagia, lo spettatore (o lettore) è molte volte affascinato dal suo lato oscuro, tanto da arrivare a parteggiare per il demone di turno piuttosto che per il proprio angelo custode. Un comportamento a prima vista incomprensibile, i cui motivi devono essere, invece, molto chiari agli sceneggiatori (o scrittori) che giocano spesso sul meccanismo dell'empatia tra spettatore-lettore e personaggio cattivo. Basti pensare al Darth Fener di *Star Wars*: un cattivo leggendario e imitatissimo, la cui malvagità si nasconde nel proprio passato, in una sofferenza interiore che lo ha spinto ad abbracciare il lato oscuro. I cattivi, quindi, non sono altro che dei prigionieri di se stessi, come, del resto, spiega la genesi della parola che deriva dal latino "captivus" che significa, appunto, "prigioniero".

Fin dalle origini, sia il cinema che la letteratura hanno dimostrato una predilezione per questo tipo di personaggi, forse per la loro debolezza o, più probabilmente, per la loro capacità di mettere a nudo i nostri difetti e la nostra volubilità. Basti pensare alla Bibbia e al ruolo centrale ricoperto dal Diavolo e da tutte le sue manifestazioni, o al successo del filone gotico, nato nella seconda metà del 1700; ma è soltanto con l'avvento del cinema che la figura del cattivo ha preso davvero corpo. Già nel 1902, la American Mutoscope portò sul grande schermo il *Frankenstein* di Mary Shelley e lo *Strano caso del dottor Jekyll e Mister Hyde* (1908) di Stevenson, in cui lo spettatore venne a contatto con due personaggi che avrebbero fatto la storia del cinema dei cattivi. All'interno della produzione cinematografica dell'epoca, furono due i filoni principali: il primo attinse alla letteratura, rispolverando e rilanciando vecchi personaggi o creandone di nuovi; il secondo sembrò, invece, anticipare con incredibile perfezione, in una sorta di precognizione di quelli che sarebbero stati gli anni bui delle due guerre mondiali (soprattutto la Seconda), gli eventi e i personaggi che sarebbero venuti alla ribalta da lì a qualche tempo. In particolare, durante gli anni successivi alla fine della Prima Guerra Mondiale, il cinema portò alla ribalta una serie di personaggi che divennero presto autentiche icone. I vari Caligari, Nosferatu e Mabuse incarnarono la disgregazione di cui era stata vittima

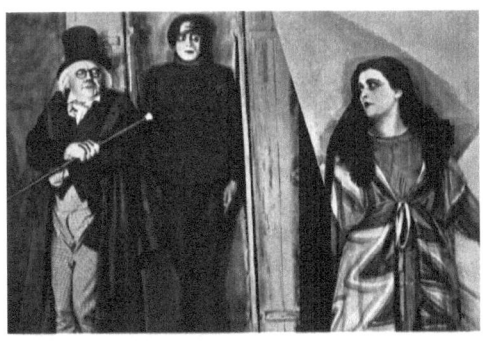

l'Europa e furono precursori dei terribili sconvolgimenti verso cui il mondo marciava. Ma, come spesso accade, il personaggio in sé non può vivere senza l'attore che lo interpreta, cosicché fu anche grazie al talento di artisti come Max Schreck, Rudolf Klein-Rogge e Conrad Veidt che il cinema si fece espressione di un preciso momento storico.

Con *Il gabinetto del dottor Caligari* (1919) di Robert Wiene, capostipite dell'espressionismo tedesco e tragica profezia del nazismo, il cinema ci presentò per la prima volta la figura dell'assassino incosciente, un cattivo "prigioniero" della follia di uno scienziato senza scrupoli; nel 1920 Peter Wegener girò *Il Golem – Come venne al mondo* che «[...] ha creato la versione definitiva di un'icona del cinema horror [...]. Il personaggio del Golem, fortemente radicato nella cultura ebraica, ha fornito indubbiamente un importante precedente per la rappresentazione figurativa del mostro di Frankenstein e di altri mostri simili. [...]»[1]; due anni dopo, con il *Nosferatu* di Friedrich Wilhelm Murnau, apparve, invece, il mostro per eccellenza: il vampiro (anche qui non mancarono i riferimenti alla futura ascesa dei tiranni in Europa); infine, nello stesso anno, *Il dottor Mabuse* di Fritz Lang presentò al pubblico una delle figure più sfruttate dal cinema horror e di fantascienza: lo scienziato folle.

Da allora, la figura del cattivo ha compiuto un viaggio inarrestabile, trasformandosi e adattandosi a ogni genere cinematografico, mutando come un camaleonte e scambiandosi sempre più spesso il ruolo con l'eroe di turno, in una perenne ricerca di ciò che si nasconde nei più oscuri meandri dell'animo umano.

MAX SCHRECK: UOMO O VAMPIRO?

Nonostante il suo cognome in tedesco significhi "terrore", Maximilian Schreck non è uno pseudonimo, ma il vero nome di uno degli attori più inquietanti e misteriosi della storia del cinema. Nacque a Berlino l'11 giugno del 1879 e fin dai primi anni della sua adolescenza, mostrò un grande interesse per il teatro. Dopo un lungo periodo di apprendistato, debuttò nei primi anni del '900 nello spettacolo *Messeritz e Speyer* con il quale girò il Paese per due anni. Tornato a Berlino, entrò a far parte della compagnia di Max Reinhardt con cui rimase fino al 1919; nello stesso anno iniziò a dedicarsi anche al cinema, comparendo nel film *Der Richter Von Zalamea*, adattamento dell'opera in sei atti di Calderon e diretta da Ludwig Berger per la Decla Bioscop. Il successo del film lo portò ad alternare la carriera teatrale con quella cinematografica, fino al 1922, anno in cui l'attore venne ingaggiato dalla Prana Film per la loro prima e unica produzione: *Nosferatu, Eine Symphonie des Grauens* (in Italia conosciuto col titolo di *Nosferatu - Il Vampiro*). Il film, diretto dal grande regista Friedrich Wilhelm Murnau, segnò una svolta nella carriera di Schreck ma, nello stesso tempo, causò la bancarotta della casa di produzione, che dichiarò fallimento per evitare di pagare i diritti a una adirata Florence Stoker, vedova dell'autore di *Dracula*. Ormai lanciato nel cinema, l'anno successivo Max Schreck interpretò

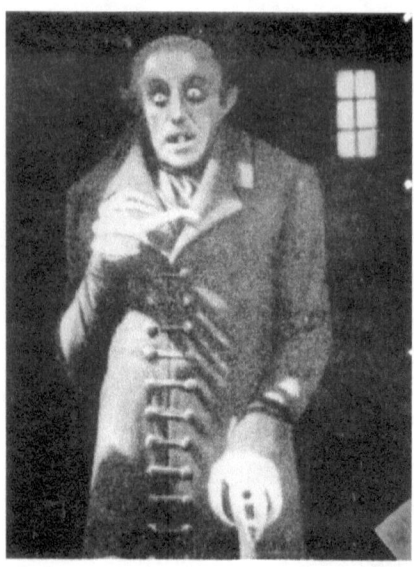

il ruolo di un cieco che usava gli occhi di una bambina per orientarsi nel mondo nel film di successo *Die Straße*, diretto da Karl Grune per la Stern Film; nel 1926 tornò al Kammerspiel di Monaco dove sposò l'attrice Fanny Norman. Schreck continuò a recitare in altri film, anche dopo l'avvento del sonoro, fino alla sua morte, avvenuta a Monaco il 26 novembre del 1936 a seguito di un attacco di cuore.

Nonostante *Nosferatu* rappresenti una delle poche o forse addirittura l'unica incursione di Max Schreck nel genere horror, il ruolo del Conte Graf Orlok in questa prima vera trasposizione cinematografica del *Dracula* di Bram Stoker (il film ungherese *La Morte di Dracula* del 1921 ha infatti poco a che vedere col romanzo di Stoker) lo fa ricordare ancora oggi come uno dei più terribili e spaventosi *bad boy* della storia del cinema: nel 1992 Tim Burton, nel suo *Batman – Il Ritorno*, gli ha reso omaggio battezzando "Max Schreck" un sinistro uomo d'affari interpretato da Christopher Walken, mentre nel 2000 il regista E. Elias Merhige gli ha addirittura dedicato il film

L'ombra del vampiro, in cui Schreck è interpretato magistralmente da un irriconoscibile Willem Dafoe. In quest'ultimo film si fa anche riferimento a una delle leggende che presto cominciarono a girare attorno alla pellicola di Murnau, secondo cui Schreck fosse davvero dedito al vampirismo, come sembrerebbero

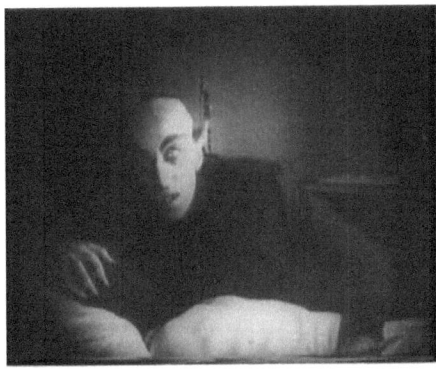

provare le misteriose morti susseguitesi durante le riprese di *Nosferatu*; altre dicerie, invece, ritenevano che Max Schreck (in italiano si potrebbe tradurre come "Massimo Spavento"), fosse soltanto lo pseudonimo dello stesso Murnau, che non avendo trovato un vero vampiro per la parte, decise di interpretare lui il ruolo del conte.

La vicenda del film di Murnau si svolge intorno al 1838: il commerciante di terreni Knock (Alexander Granach) invia il giovane Hutter (Gustav von Wangenheim) in Transilvania per curare una transizione immobiliare con il misterioso conte Orlok (Max Schreck). Una volta arrivato nei Carpazi, il giovane si troverà ad affrontare un mondo in bilico tra realtà e fantasia in cui la sinistra e inquietante ombra del conte sembra dominare tutto e tutti.

Insieme al precedente *Il gabinetto del dottor Caligari*, *Nosferatu - Il vampiro* rappresenta la sintesi del pensiero espressionista tedesco, come dimostra il parallelismo tra lo sbarco di Orlok a Brema, in seguito al quale si diffonde la peste, e la prossima scalata al potere dei tiranni in Europa; o il corteo di bare portate a spalle verso il cimitero che preconizza i futuri stermini a opera della Germania nazista. Tuttavia, mentre il film di Wiene è considerato il vero manifesto dell'espressionismo, quello di Murnau si

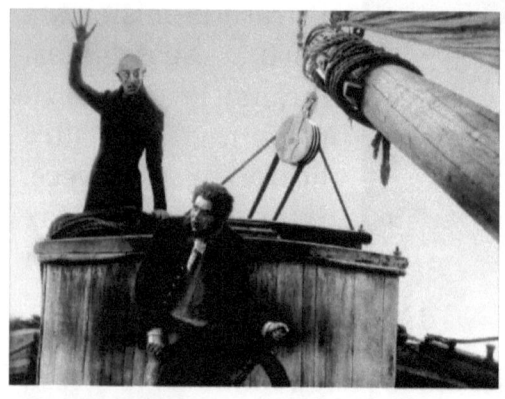

discosta dai suoi rigidi dettami per alcune scelte stilistiche: il film non fu girato in studio, ma tra le montagne dei Carpazi e Brema e il castello è quello di Oravsky Podzamok, mentre per l'introduzione, furono utilizzati, seppur ancora allo stato embrionale, i primi effetti speciali. Il regista utilizzò tecniche allora del tutto sconosciute: l'effetto spettrale e onirico della scena in cui vediamo il giovane Hutter attraversare la foresta, fu realizzata proiettando tratti di pellicola negativa; mentre il movimento a scatti della carrozza avvolta, quasi aggredita, dalla fitta vegetazione, fu ottenuto grazie a inquadrature effettuate fotogramma per fotogramma. A queste trovate, vanno aggiunte alcune "magie" di cui Murnau si servì per aumentare il tasso angosciante del suo film, cosicché la porta della stanza di Hutter si chiude da sola dopo il passaggio del conte e la bara di Orlok fa la stessa cosa dopo che lui vi si è accomodato dentro; infine, il conte che entra nella sua nuova dimora di Brema smaterializzandosi e attraversando i muri come un fantasma.

Nonostante i numerosi ritratti cinematografici di Dracula (Bela Lugosi, Christopher Lee, Klaus Kinski o Gary Oldman, per citare i più famosi), l'immagine di 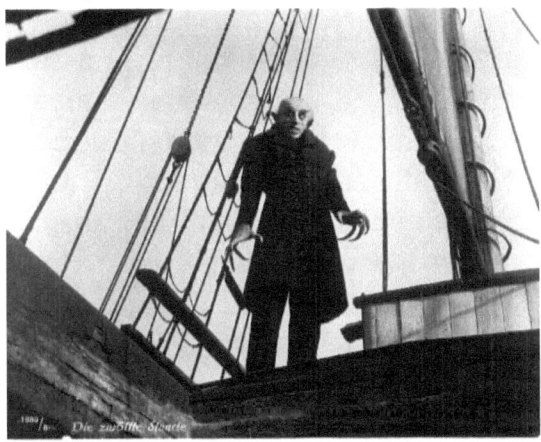 Schreck nel ruolo del Conte Graf Orlok è una delle più memorabili, proprio grazie alla straordinaria interpretazione dell'attore: la testa calva a forma di topo, il lungo e prominente naso aquilino, le profonde occhiaie, le orecchie appuntite, gli occhi sbarrati e sporgenti, le lunghe dita di ragno, il capo infossato tra le spalle curve e un profilo magrissimo, quasi fragile. La figura del conte Orlok è più isolata e tesa rispetto a quella dei successivi film: il vampiro di Schreck è, infatti, molto diverso da quello interpretato da Bela Lugosi nel 1932, molto più simile a un lupo o a un pipistrello, o a quello assetato di sangue di Christopher Lee. L'attore, con la collaborazione di Murnau e dell'art director Albin Grau, ci regalò un vampiro più simile, anche fisicamente, a un roditore per un motivo ben chiaro:

il termine Nosferatu deriva dallo slavo "nosufuratu" che a sua volta deriva dal greco "nosophoros", "portatore di calamità" e l'antica credenza che le malattie nate dai topi fossero la causa di molte calamità, spiegò la scelta.

Il film uscì al cinema nel 1922, ma Florence Stoker, con l'aiuto della British Incorporated Society of Authors, riuscì a far distruggere i negativi originali e molte delle copie di *Nosferatu;* ma i vampiri, si sa, sono immortali e così, dopo la morte della vedova, qualche copia del film ricomparve magicamente (una a quanto pare nascosta dallo stesso Murnau). Alcune furono trasferite alla Universal, che dal 1928 aveva acquistato i diritti del libro, per poi comparire, in una versione inglese e una francese, con i nomi dei personaggi cambiati secondo la versione di Stoker.

FILMOGRAFIA

Der Richter von Zalamea (1920); Der Roman der Christine von Herre (1921); Der Verfluchte (1921); Am Narrenseil, 2. Teil - Rätsel der Kriminalistik (1921); Nosferatu il vampiro (1922); Pique Ass (1922); Nathan, der Weise (1922); Der Favorit der Konigin (1922); Die Straße (1923); Mysterien eines Frisiersalons (1923); Der Kaufmann von Venedig (1923); Dudu, ein Menschenschicksal (1924); Finanze del granduca (1924); Der Rosa Diamant (1925); Krieg im Frieden (1925); Die Gefundene Braut (1925); Der Sohn der Hagar (1927); Ramper, der Tiermensch (1927); Luther (1927); Doña Juana (1927); Am Rande der Welt (1927); Der Alte Fritz (1928); Moderne Piraten (1928); Volga Volga (1928); Serenissimus, der Vielgeliebte, und die letzte Jungfrau (1928); Scampolo (1928); Ritter the Nacht (1928); Die Republik der Backfische (1928); Rasputins Liebesabenteuer (1928); Der Kampf der Tertia (1928); Ludwig der Zweite, Konig von Bayern (1929); Peter Voss, der Millionendieb (1930); Das Land des Lachelns (1930); Im Banne der Berge (1931); La sposa venduta (1932); Boo (1932); Nachet der Versuchung (1932); Ein Mann mit Herz (1932); Furst Seppl (1932); Roman einer Nacht (1933); Il tunnel (1933); Das Verliebte Hotel (1933); Muß man sich gleich scheiden lassen (1933); Eine Frau wie Du (1933); Fraulein Hoffmanns Erzahlungen (1933); Der Schlafwagenkontrolleur

(1935); *Gli ultimi quattro di Santa Cruz* (1935); *Donogoo Tonka* (1936)

RUDOLF KLEIN-ROGGE: LO SCIENZIATO FOLLE

Tra gli attori che sul grande schermo hanno interpretato ruoli da *bad boy*, il tedesco Rudolf Klein-Rogge fu precursore di quella figura che nel cinema avrebbe avuto sempre più successo: lo scienziato folle.

Nato il 24 novembre del 1888 a Colonia, nella Westphalia, Rudolf Klein-Rogge debuttò nel 1909 allo Stadttheater Halberstadt. Nel 1915 si trasferì a Norimberga, dove diventò uno degli attori più importanti della compagnia e dove sposò la sceneggiatrice Thea Von Harbou con la quale si trasferì poi a Berlino. Qui la sua carriera incontrò alcune difficoltà fino a quando il regista Fritz Lang (amico e futuro sposo della moglie, da cui Rogge aveva nel frattempo divorziato) gli propose di partecipare ad alcuni dei suoi più importanti film: nel 1922 recitò ne *Il dottor Mabuse*, interpretando il folle protagonista che dà il titolo al film; poi in *I Nibelunghi* (1922), dove vestì i panni del dispotico re Etzel; in *Metropolis* (1926), in cui ricoprì il ruolo dello scienziato megalomane Rotwang; in *Spies* (1928) in cui fu il genio criminale Hashi; e infine, nel seguito di *Il dottor Mabuse*, *Il testamento del dottor Mabuse* (1933), in cui l'attore vestì ancora una volta i panni del folle medico. Tutti *bad boys* da leggenda, che gli permisero di lasciarsi alle spalle i piccoli ruoli del passato, che sembravano volerlo relegare per tutta la vita a semplice comparsa.

Alla salita al potere di Hitler, Klein-Rogge decise, al contrario di Lang che fuggì negli Stati Uniti, di dedicare la sua arte allo Stato. Dopo alcune apparizioni in lavori teatrali in costume, l'attore finì 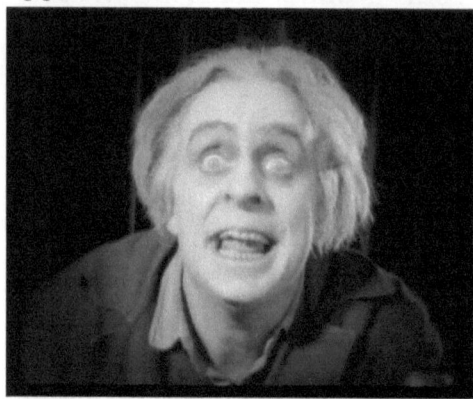 però per perdere la benevolenza di Joseph Goebbels (che teneva in mano l'intera industria cinematografica nazista) e cominciò una discesa che lo portò a ritirarsi del tutto dal cinema. Si sposò con l'attrice svedese Mary Johnson e morì il 30 aprile del 1955 a Wetzelsdorf, un piccolo paesino austriaco, quasi del tutto dimenticato dal pubblico.

Lo psicanalista Dottor Mabuse è una vera e propria mente criminale: maestro del travestimento e dell'ipnotismo, dirige un vasto impero, manipolando le borse e falsificando soldi, ed è ricercato da tutte le forze di polizia del continente. Un giorno, al "Folies Bergère", Mabuse decide di ipnotizzare la mente di un playboy, inducendolo a giocarsi tutta la sua fortuna, ma ben presto sulle sue tracce arriverà il procuratore distrettuale Wenk (Bernhard Goetzke), determinato a fermarlo. Questo è in poche righe il *plot* di *Il dottor Mabuse,* uno dei più grandi capolavori del cinema muto tedesco che ha influenzato tutto il cinema mondiale, come dimostrano la serie di sequel minori realizzati negli anni '60, e alcuni moderni cattivi quali, per esempio, i vari antagonisti dell'agente segreto di Sua Maestà James Bond o il genio criminale e calcolatore Hannibal Lecter, ispirati a lui.

Il regista Fritz Lang nutriva un grande fascino per le masse controllate da menti machiavelliche – come si vede in molti dei suoi thriller sonori americani o in *Metropolis* – e così in *Il dottor Mabuse* il grande regista batté con grande accuratezza sulla decadenza dell'Europa post bellica – il "Folies Bergère", il mondo della finanza internazionale e il movimento cubista - mentre l'attore Rudolf Klein-Rogge nella parte di Mabuse dominava fisicamente il film, con un'interpretazione crudelmente brutale e con sguardi di pura malevolenza, le stesse caratteristiche che poi ritroveremo nella dittatura nazista. Come ha scritto Stefano Socci nel suo *Fritz Lang*: «[...] Qualcuno ha giustamente paragonato il volto "base" del criminale a quello della Gorgone. Nelle sue raffigurazioni ha la struttura centripeta di una ragnatela o di un orologio: lo sguardo dello spettatore corre subito verso gli occhi. Occhi grandi e chiari, orbite di stregone, folte sopracciglia, tele-specchi che possono modificare il senso del tempo. L'intuizione geniale di Lang è quella di estendere la composizione del volto di Mabuse a tutta la scenografia... Mabuse è onnipresente. [...]»[2].

La versione tedesca originale era lunga più di cinque ore, mentre quella distribuita negli Usa nel

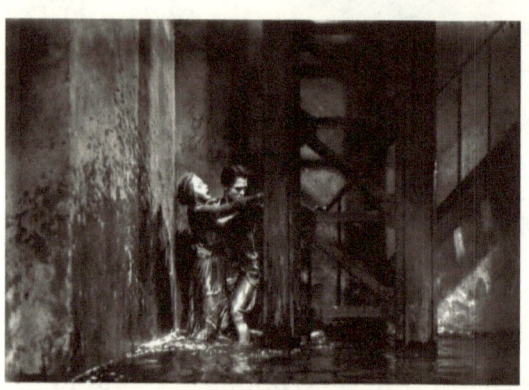

1924 (*Dr. Mabuse, the Gambler*), invece, dura solo 90 minuti. A queste due, bisogna aggiungerne altre tre, tra cui quella sovietica montata dal grande Ejzenstejn che vi aggiunse alcune rivoluzionarie scene di scontri di piazza.

A quasi dieci anni di distanza dal primo grande successo, nel 1933 venne girato il seguito, presentato con il titolo di *Il testamento del dottor Mabuse*: l'ispettore Lohmann (Otto Wernicke), dopo aver saputo della morte di un collega sulle tracce di una pericolosa banda di criminali, scopre che le attività di tale organizzazione sono guidate proprio dal Dottor Mabuse (Rudolf Klein-Rogge) che, rinchiuso nel manicomio del Professor Baum (Oskar Beregi), è riuscito a prendere il possesso della sua mente, portando così a termine i suoi piani, primo fra tutti gettare la Germania nel caos attraverso atti di sabotaggio.

Il testamento del dottor Mabuse fu il secondo film sonoro di Lang, appoggiato e fortemente voluto da Goebbels che, prima che il film fosse distribuito, offrì a Lang la direzione del ministero della propaganda nazista. Inorridito dalla proposta, Lang scappò in Francia, per sua fortuna prima che lo stesso Goebbels

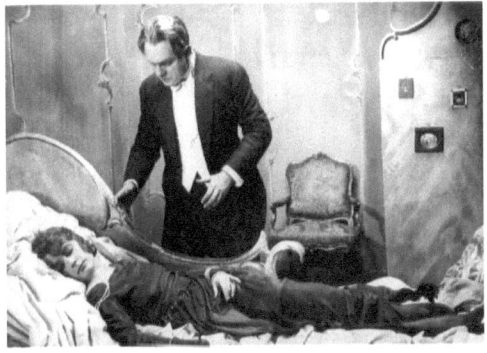

vedesse il film e vi riconoscesse elementi sovversivi anti-nazisti: una chiara allegoria tra il dottor Mabuse che scrive i suoi piani criminali in manicomio e Hitler che scrive il suo *Mein Kampf* in una cella, o gli atti di sabotaggio per far precipitare la nazione e la Notte dei Cristalli nazista. Il film ha una trama più complessa e stratificata del primo *Dottor Mabuse* e anche Rudolf Klein-Rogge mostrò la sua completa maturazione, dando vita a una straordinaria interpretazione, che destino volle fosse la sua ultima prima del definitivo ritiro.

Ispirandosi ai profondi cambiamenti economico-politici in atto in Europa in quegli anni, «[...] Fritz Lang torna a raccontare le gesta del Dottor Mabuse calandole nella cupa realtà di una società inesorabilmente avviata al collasso economico, politico e morale. Creando con ritmo incalzante un sapiente contrappunto tra sonoro e immagine in bianco e nero così da trasformare dialoghi e rumori in strumento di causa-effetto tra il susseguirsi delle scene, Lang confeziona un'opera di forte impatto emotivo assimilando di fatto, e, forse, oltre le sue stesse intenzioni, il genio del Male - che senza parlare, con la sola fissità del suo sguardo magnetico, cattura lo spettatore dallo schermo profetizzando l'avvento della violenza eretta a sistema - alla metafora di un potere eversivo che cresce

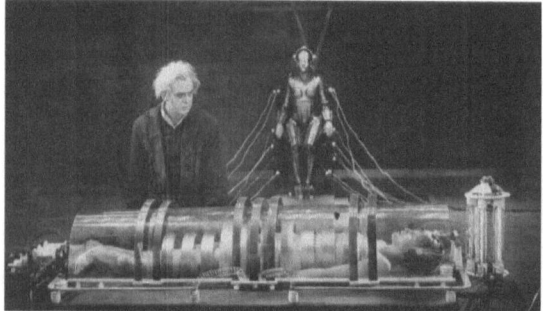

vampirescamente nell'ombra per scagliarsi ed imporsi su una umanità smarrita e disperata.

[...]»[3].

Anche in *Metropolis*, pellicola diretta ancora da Fritz Lang nel 1927, Rudolf Klein-Rogge vestì i panni dello scienziato pazzo, stavolta al servizio di Johann Fredersen (Alfred Abel), mente direttrice di una gigantesca città ultra-moderna sotto la cui superficie masse di lavoratori conducono un'arcaica esistenza da schiavi. Suo figlio Freder (Gustav Frohlich) è testimone delle inumane condizioni di lavoro e si ribella al dispotico padre, scoprendo una comunità spirituale nelle catacombe della città, dove la giovane Maria (Brigitte Helm) predica le virtù dell'amore e della riconciliazione. Venuto a conoscenza della situazione, Fredersen ordina allo scienziato Rothwang (Rudolf Klein-Rogge) di creare un robot che abbia l'aspetto di Maria con l'intento di usarlo per influenzare i lavoratori. Il piano procede, ma Freder e Maria riescono a scongiurare la catastrofe all'ultimo momento e il robot viene bruciato su un

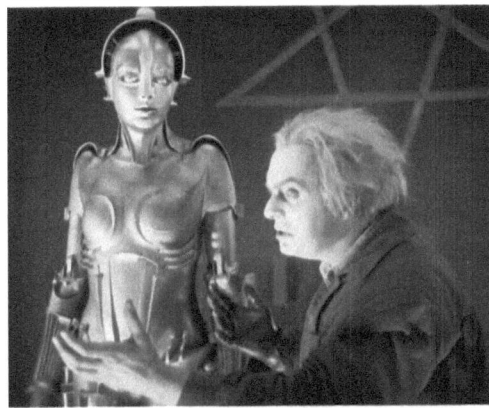 rogo, diffondendo la pace e dando vita a una nuova e fraterna comunità, sancita dallo stesso Frederson che offre la mano in segno di riconciliazione, fedele al motto del film: "Il mediatore tra la mano e il cervello deve essere il cuore".

Tratto dal romanzo di Thea von Harbou, moglie del regista Fritz Lang, *Metropolis* è un film in cui azione, suspense e romanticismo sono tenuti insieme da una filosofia politica piuttosto eclettica che però non sembra voler lanciare nessun messaggio (l'unica chiave di lettura sarebbe che l'amore risolve tutto); una mancanza che probabilmente trova la sua spiegazione nel mai risolto contrasto tra la debolezza del romanzo stesso e la forza visionaria del film. Una duplicità di giudizio che ha visto d'accordo anche altri grandi registi come Herbert George Wells che lo definì «Uno dei peggiori film mai fatti» o Luis Bunuel che invece lo definì «Un film retorico, banale, pedante, intriso di romanticismo superato»[4].

Incentrato sulla pericolosità derivante da una possibile futuristica dittatura delle macchine, il film di Lang è anche quello in cui l'espressionismo tedesco raggiunse il suo apice e in cui i riferimenti all'ormai prossima scalata del nazismo in Europa si sprecano fin dalle prime sequenze: gli operai che sfilano a testa bassa e in fila indiana, proprio come i

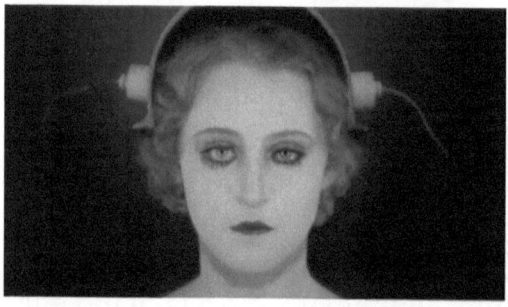

futuri prigionieri nei campi di sterminio, i giovani che gareggiano tra di loro mettendo in mostra fisici scultorei e un'invidiabile preparazione fisica, i lussuosi spettacoli teatrali degni della futura industria di Goebbels. Ma è nella tecnica con cui Lang costruì il film che l'espressionismo si manifestò in tutta la sua forza: le luci e le angolature della cinepresa crearono un ambiente tecno-gotico, in cui la tecnologia è vista sia come meravigliosa che come terrificante. Una tecnologia che è fulcro stesso della storia, come dimostrano gli strabilianti procedimenti cinematografici usati dal regista: ispirandosi, infatti, al cosiddetto "metodo Schufftan", che consiste in uno specchio collocato con un'angolazione di 45 gradi davanti all'obiettivo della cinepresa, permettendo di riflettere la scena riprodotta con dei modellini su un fondale proiettato, Lang ha usato varie soluzioni di ripresa, a partire dal passo uno (ovvero la ripresa fotogramma per fotogramma), passando per l'animazione, fino ai fondali dipinti, i modellini d'auto e di aeroplano. Ma non furono solo queste le novità introdotte dal grande regista tedesco: *Metropolis* rappresenta, infatti, uno dei primi film, se non il primo in assoluto, girato con un budget da record (per l'epoca). Il produttore Erich Pommer e la casa di produzione UFA (poi fallita proprio a causa delle spese mai recuperate) investirono ben cinquanta milioni di marchi tedeschi per un film le cui riprese durarono ben diciannove mesi (trecentodieci giorni lavorativi), impresso su seicentomila metri di pellicola e che vide la partecipazione di trentaseimila comparse tra uomini, donne e bambini.

Nel ruolo di Rothwang, Rudolf Klein-Rogge presenta un uomo vittima di se stesso, dei suoi assilli e delle sue manie. La costruzione del robot anticipa la nascita della Creatura nel *Frankenstein* di James Whale o, andando alle origini dell'uomo, quella di Eva dalla costola di Adamo. Per Rothwang è una vera missione, la missione della sua vita, e l'attore ha la straordinaria abilità di farci vivere la crescente ossessione che lo scienziato va nutrendo verso l'androide di cui, alla fine, si innamorerà, perdendo in maniera definitiva il contatto con la realtà. Il suo rapporto con il robot va ben oltre il piano di Fredersen, per Rothwang rappresenta l'inizio di una nuova civiltà, di un nuovo sogno utopico, simile a quello della supremazia ariana vagheggiato da Adolf

Hitler. La versione originaria del film, oggi perduta, durava oltre due ore; quella più recente, del 1987, è stata restaurata e arricchita del commento musicale diretto dal maestro Giorgio Moroder.

FILMOGRAFIA

Die Schreckensnacht im Irrenhaus Ivoy (1919); Das Licht am Fenster (1919); Flitter-Dörtje (1919); Das Geheimnis des Irren (1919); Il gabinetto del dottor Caligari (1920); Das Wandernde Bild (1920); Destino (1921); Vier um die Frau (1921); Il dottor Mabuse (1922); Ombre ammonitrici (1923); Der Steinerme Reiter (1923); I Nibelunghi: Sigfrido (1924); I Nibelunghi: Kriemhilds Rache (1924); Der Rosa Diamant (1925); Pietro der Korsar (1925); Tingel Tangel (1926); Metropolis (1927); The Queen Was in the Parlour (1927); Casanova (1927); L'inafferrabile (1928); Volga Volga (1928); La faute de Monique (1928); Tu m'appartieni! (1929); Le Requin (1929); Tarakanova (1930); Der Weiße Gott (1932); Il testamento del Dr. Mabuse (1933); Der Judas von Tirol (1933); Die Welt ohne Maske (1934); Paganini (1934); Zwischen Himmel und Erde (1934); Fiamme alla frontiera (1934); Perché ha ucciso? (1934); Die Frauen vom Tannhof (1934); Der Fall Brenken (1934); Der Kosak und die Nachtigall (1935); I due re (1935); Des Einmaleins der Liebe (1935); Il paese delle balie (1935); L'imperatore della California (1936); Die Unerhorte Frau (1936); Ein Seltsamer Gast (1936); Moral (1936); La sposa scomparsa (1936); Il concerto di corte (1936); Truxa (1937); Die Gottliche Jette (1937); Madame Bovary (1937); Ragazzi (1937); Ingratitudine (1937); Bandiera gialla (1937); Ab Mitternacht (1937); Menschen von Varieté (1938);

Battaglie di donne (1938); *La vita del dottor Koch* (1939); *Schneider Wibbel* (1939); *Parktrasse 13* (1939); *Cuori in burrasca* (1939); *La maschera dell'onestà* (1939); *L'amore imperfetto* (1940); *Cuor di regina* (1940); *Kora Terry* (1940); *Alba d'amore* (1942); *Hexen* (1949)

CONRAD VEIDT: L'UOMO DAGLI OCCHI CATTIVI

Tra i cattivi di inizio secolo, Conrad Veidt fu colui

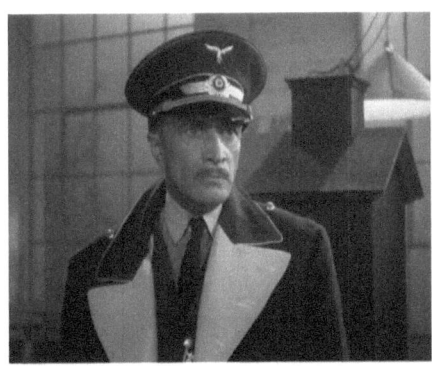

che più degli altri incarnò la genesi letterale del termine, nella splendida interpretazione di Cesare in *Il gabinetto del dottor Caligari*, un *bad boy* che agisce inconsapevolmente, sotto il controllo del folle scienziato che lo tiene prigioniero grazie alle sue capacità ipnotiche.

L'attore tedesco nacque il 22 gennaio 1893 in Tieckstrasse 39, in un quartiere residenziale di Berlino. Secondo figlio di Phillipp Heinrich Veidt, prima militare e poi segretario della cancelleria di Berlino, non ebbe mai un rapporto felice con il padre (persona poco espansiva), al contrario della madre, che invece ebbe una forte influenza positiva sul figlio. La prima esperienza di recitazione per il giovane Veidt arrivò durante gli anni del liceo, che terminò nel 1912, dedicandosi subito al sogno di diventare attore. Alla fine dell'estate di quello stesso anno, grazie all'aiuto di un usciere del Deutsches Theater, Veidt cercò di avere un incontro con Albert

Blumenreich, a quel tempo a capo della compagnia, che ne rimase impressionato tanto da offrirgli di entrare nella sua scuola di recitazione senza pagare: «Potrai pagarmi in seguito, se lo vorrai», gli disse, e Veidt ripagò in pieno la sua generosità, quando arrivò al successo. La sua situazione economica non era, infatti, per nulla rosea, fino al punto che la madre dovette passargli di nascosto per anni una piccola parte dei soldi che il marito le dava per le spese di casa. Per i successivi due anni, Veidt studiò e lavorò al Reinhardt Deutsches Theater, facendo molta esperienza e ricevendo parti sempre più importanti. All'inizio del 1914, l'attore si unì in matrimonio con la diciannovenne Lucie Mannheim da cui però dovette separarsi soltanto quattro mesi dopo, chiamato alle armi per la Prima Guerra Mondiale. Durante il conflitto si ammalò di polmonite e fu trasferito nell'ospedale di Tilsit, sul mar Baltico, dove scoprì l'esistenza di due teatri (il Front Theatre e il Deutsches Theater), creati dal governo tedesco per intrattenere le truppe. Destino volle che la moglie avesse trovato lavoro proprio presso il Deutsches Theater, e così lo aiutò a entrare come attore al Front Theatre dove lavorò per due anni, separandosi definitivamente dalla donna. A gennaio del 1917 Conrad fu congedato e riprese il suo lavoro al Reinhardt Deutsches Theater, grazie al quale cominciò a ricevere le prime offerte dal cinema, alternando così le apparizioni nei film con quelle a teatro. La prima pellicola in cui recitò fu *The Spy* del 1917, seguito da *The Road of Death* (1917), *Fear*

(1917), *Das Ratsel Von Bangalor* (1917), *When Death Speaks* (1917) e *Die Claudi Von Geiserhof* (1917): tutti film andati persi, ma che gli aprirono la strada nel cinema, come dimostrarono gli undici film che l'attore girò nel 1918, anno in cui si sposò per la seconda volta con Gussy Holl. A partire dal 1919, la carriera di Veidt conobbe una grande svolta: girò altri

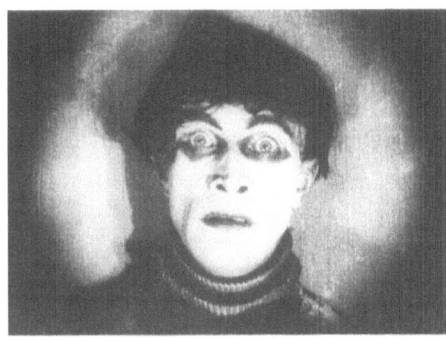

15 film, tra cui *Il gabinetto del dottor Caligari*, grazie al quale divenne la personificazione stessa del personaggio misterioso e sinistro, che gli costò il soprannome di "il demoniaco Conrad Veidt" o "l'uomo dagli occhi cattivi". Esisteva, però, un marcato contrasto tra Conrad Veidt attore e uomo: anche se la sua immagine nei film era quella di un essere misterioso e diabolico, egli era un uomo mite, sensibile, con modi molto raffinati e gentili, che anche per questo motivo seppe creare sempre dei personaggi al limite tra il folle e il patetico, un po' cattivo consapevole e un po' povero disgraziato.

Il 1919 fu l'anno in cui, da popolare attore tedesco, Veidt divenne star internazionale, interpretando personaggi memorabili in film come *The Count of Cagliostro*, *The Walk in the Night* (scritto da Carl Mayer, uno dei co-sceneggiatori di *Caligari*) in cui Veidt interpretò la parte di un artista cieco, e la versione cinematografica di *Il Dr. Jekyll and Mr. Hyde* di Robert Louis Stevenson, intitolata *The Janus Head: A Tragedy on the Border of Reality*, in cui incrociò l'ancora sconosciuto Bela Lugosi.

Negli anni successivi, l'attore tedesco apparve in dozzine di film prodotti sia in Germania che in altri Paesi europei, ma poco dopo il divorzio da Gussy Holl, fu colpito da una profonda depressione: iniziò a bere e a frequentare la Friedrichstrasse, non lontano dal Reinhardt Theater, dove si trovavano cabaret, bar, casinò e locali di dubbia reputazione. Ma quando alcuni mesi dopo conobbe a un ricevimento Felicitas Radke, in breve tempo la sua depressione scomparve così come ebbero fine le sue visite alla Friedrichstrasse. Nel 1923 Conrad e Felicitas si sposarono e nel 1925 nacque la loro unica figlia Vera Viola Maria Veidt. Durante quegli anni felici, Veidt girò la prima delle due versioni del film su Guglielmo Tell, avendo la rara possibilità di recitare sia nel film muto che in quello sonoro e nel 1924 girò sette pellicole, tra cui i successi *The Waxworks* e *The Hands of Orlac*, prodotti da Robert Wiene. In quest'ultimo, Veidt interpretò un pianista che, rimasto mutilato delle mani in seguito a un incidente ferroviario, riceve gli arti di uno strangolatore giustiziato che lo porteranno ad avere un imperioso bisogno di uccidere. Il film ebbe molti remake, compreso quello del 1935 con Peter Lorre e Colin Clive, anche se la versione di Veidt è considerata ancora oggi la migliore e la più impressionante: così tanto che durante la prima del film in un teatro di Vienna, molte donne svennero per la paura, causando addirittura l'interruzione della proiezione. *The Waxworks* è invece un'antologia di tre storie su altrettanti personaggi presenti al museo delle cere, tra cui il russo Ivan il Terribile, per la cui interpretazione Veidt catturò l'attenzione di John Barrymore, che gli chiese di andare a Hollywood per avere la parte di re Luigi XI nel suo film *The Beloved Rogue*. Nonostante la sua volontà di partire, l'attore dovette però aspettare ben due anni prima di poter liberamene andare in America dove, nel settembre del 1926, si trasferì insieme alla famiglia e dove rimase per due anni e mezzo, girando quattro film, fra cui il già citato *The Beloved Rogue*. Prodotto dalla Universal e ambientato in un periodo di pace della Francia medievale, Veidt interpretò il diabolico re Luigi XI alle prese col bandito Francis Villon. Un anno dopo, girò *A Man's Past*, nel 1928 *The Man Who Laughs* e l'anno successivo *The Last Performance*. In *The Man Who Laughs*, film basato sull'omonima opera di Victor Hugo, Veidt interpretò la parte del giovane nobile Gwynplaine, sfigurato da alcuni zingari su ordine del re Giacomo II; un personaggio che anni dopo avrebbe ispirato il fumettista Robert

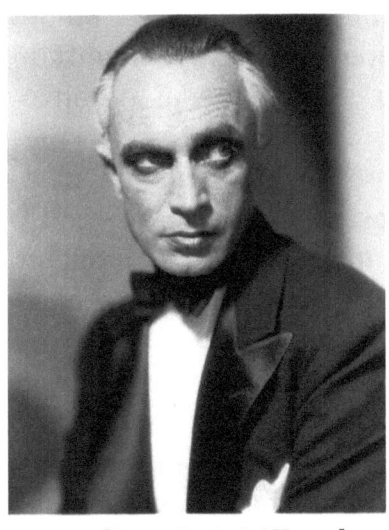

Kane nella creazione del nemico di Batman, Joker. Dopo aver girato questo film, Veidt decise di non accettare più parti che richiedevano ore estenuanti di trucco, preferendo ruoli da cattivo in cui peraltro continuava a eccellere.

L'avvento del sonoro segnò un momento delicato nella carriera di Veidt: questi, benché fosse molto interessato al nuovo cinema, incontrò qualche difficoltà a causa del suo forte accento tedesco e così, quando la casa di produzione Universal, e in particolare Carl Laemmle, gli propose di interpretare il ruolo principale in *Dracula*, l'attore rifiutò, sentendosi ancora insicuro a recitare in un film sonoro e per giunta in una lingua che non era la sua, lasciando spazio all'ancora sconosciuto attore ungherese Bela Lugosi.

Alla fine degli anni '20, Veidt decise di tornare in Germania, dove rimase per quattro anni, lavorando alla realizzazione di quattro film all'anno tra cui il documentario *Wir in Hollywood* (1929), *Il Congresso si diverte* (1931), *Rasputin* (1932) e *FP1 Doesn't Answer* (1932). In questo stesso anno Veidt divorziò da Felicitas e si ripromise di non sposarsi più.

Alla scalata al potere di Hitler e del nazismo, Veidt capì ben presto che non sarebbe potuto rimanere a lungo nel suo amato Paese così, quando nel 1933, a dispetto della sua promessa, si sposò ancora una volta con Ilona Barta Prager (detta Lily), lasciò la Germania per stabilirsi in Inghilterra, dove prese anche la cittadinanza. Qui ricevette molte offerte di lavoro e girò moltissimi film, tra cui *Rome Express*

(1933), *The Wandering Jew* (1933), *I Was a Spy* (1933), *Bella Donna* (1934), *The Passing of the Third Floor Back* (1935), *Il re dei dannati* (1936), *Under the Red Robe* (1937), *Dark Journey* (1937), *Storm Over Asia* (1938), *The Chess Player* (1938) e *La spia in nero* (1939).

Il periodo inglese fu uno dei più floridi per la produzione artistica di Veidt, che proprio durante gli anni della Seconda Guerra Mondiale girò i suoi ultimi nonché migliori film, tra cui *Casablanca* (1942) e *Above Suspicion* (1943) con Joan Crawford, Fred MacMurray e Basil Rathbone, che però non riuscì mai a vedere poiché morì venticinque giorni prima, il 3 aprile del 1943, a 50 anni, a causa di un collasso che

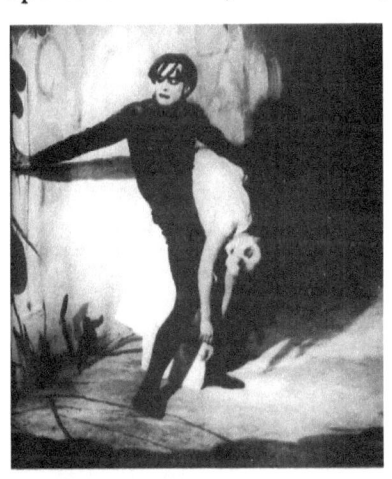

lo colpì durante una partita a golf con un amico produttore.

«Non importa che ruolo reciti, non posso tener fuori Caligari dal mio corpo», confessò una volta Conrad Veidt riferendosi alla sua grande interpretazione nel capolavoro *Il gabinetto del dottor Caligari* (1919) di Robert Wiene che diede inizio a una piccola rivoluzione nella filosofia e nella tecnica di fare film, influenzando perfino i lavori di alcuni grandi registi come Fritz

Lang, Alfred Hitchcock, René Clair, Orson Welles e Abel Gance.

Il gabinetto del dottor Caligari è (apparentemente) la surreale storia di un dottore, interpretato da Werner Krauss che, arrivato nel piccolo paesino tedesco di Hostenwall, organizza uno spettacolo durante il quale espone al pubblico il giovane Cesare (Conrad Veidt), un ragazzo di ventitré anni da sempre in stato dormiente; in realtà, nessuno sa che di notte il dottor Caligari lo usa per vendicarsi delle persone che si erano fatte gioco di lui. In breve tempo Cesare si renderà così protagonista di una serie di strani omicidi in paese che culmineranno in un inseguimento finale che lo vedrà sfuggire a mezza Hostenwall. Alla fine, braccato e spaventato, Cesare libererà la donna nel frattempo rapita (di cui si era innamorato) e si svelerà l'incredibile verità: Caligari in realtà è nascosto in un ricovero per alienati, il che farà scoprire al pubblico che tutti i personaggi principali della storia sono pazienti di un manicomio e che il dottor Caligari ne è il direttore. Si tratta allora di una grande e perfetta finzione?

Questo film, sceneggiato da Carl Mayer e girato da Wiene in appena tre settimane, è storicamente importante per molte ragioni, ma prima di tutto perché i temi che sarebbero stati comuni ai futuri film dell'orrore, trovano qui la loro origine: c'è il dottore folle (Caligari), c'è lo "zombie" assetato di sangue e di morte (Cesare) e c'è la propensione al male di una fanciulla angosciata (Jane). La pellicola ha poi una qualità onirica basata sul modo in cui è stato filmato (interamente su piccoli palcoscenici) e girato (in sei atti); e rappresentò un grande esempio di espressionismo tedesco: disegni magici dipinti sui muri, un modo quasi amatoriale di costruire i set, vedute distorte di porte e colline. Tutto rende il film simile a un brutto sogno. Infine, l'importanza politica che fa dell'opera di Wiene un'autentica profezia degli orrori nazisti, in cui l'imbonitore Caligari rappresenta il futuro governo nazista e Cesare lo stato di dormiveglia del popolo tedesco di fronte alla scalata di Hitler. Il teorico cinematografico Siegfried Kracauer lo definì «l'origine di una corrente che portò da Caligari a Hitler attraverso un corteo di mostri e tiranni».

Indagando nella palude dell'umana pazzia, *Caligari* realizza un meraviglioso equilibrio tra arte, storia e caratterizzazione. In questa storia, le immagini di instabilità sfilano insieme a strade tortuose, edifici incombenti, stanze follemente compresse e scenari contorti. Per l'uso di temi espressionistici, la connessione con il reale è sia inesistente, parallelamente con la mente sconvolta di Franz o di Caligari, sia incredibilmente scombinata. Gli abitanti di questo mondo sbilenco, specialmente lo spettrale Cesare, si adattano bene, contorcendosi sia internamente che esternamente per conformarsi all'ambiente. Il risultato è unico e fortemente dimentico delle tecniche usuali del cinema: una solenne espressione della devastazione della Germania del dopo-guerra.

Come detto sopra, nel 1939 Veidt iniziò a lavorare in Inghilterra, dando vita a uno dei periodi migliori della sua produzione cinematografica, a partire da quello che ancora oggi è considerato uno dei suoi più famosi e migliori film: *Il ladro di Bagdad* (1940), prodotto dai fratelli Korda, che scelsero di girare gli esterni nell'America sud-occidentale.

Il principe Ahmed (John Justin) è il legittimo Re di Bagdad, ma è stato accecato ed espulso come un mendicante. Prigioniero del perfido Gran Visir Jaffar (Conrad Veidt), è gettato in una prigione sotterranea dove conosce Abu (Sabu), il migliore ladro di tutta Bagdad, e insieme riescono a evadere, andando incontro a una serie di avventure. Il film, elaborato remake in technicolor del classico muto del 1924, ancora oggi è considerato una delle più divertenti fantasie di tutti i tempi (con cavalli e tappeti volanti, idoli che ballano, audaci fughe), resa ancora più piacevole dalla performance di Conrad Veidt che, nel ruolo del perfido Jaffar, è la perfetta incarnazione del cattivo delle favole. Girato in pieno periodo di guerra (le riprese cominciarono a Londra per poi spostarsi a Hollywood), il film vinse tre Oscar: migliori effetti speciali, miglior scenografia e miglior fotografia a colori.

Due anni dopo il clamoroso successo di *Il ladro di Bagdad*, Conrad Veidt interpretò un altro cattivo nel film *Sesta colonna* (1942), dove nella New York durante la Seconda Guerra Mondiale, il piccolo delinquente Gloves Donahue (Humphrey Bogart) indaga sulla morte di un suo amico, smascherando presto una pericolosa organizzazione di spie naziste (Conrad Veidt, Peter Lorre e Judith Anderson). Diretto da Vincent Sherman e girato subito dopo il terribile attacco a Pearl Harbor, il film tenta consapevolmente di conciliare patriottismo, azione e propaganda antinazista, non riuscendo però a rappresentare nulla di cinematograficamente

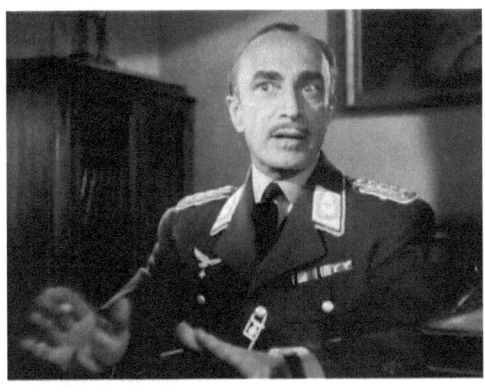 importante. Vale la pena di vederlo soprattutto per rendersi conto della mentalità della Hollywood di quel periodo, come dimostra la battuta censurata «c'è lo zampino

dell'FBI in tutta questa sporca faccenda», tolta dalla bocca di Bogart.

Ormai a suo agio nei panni del nazista, in quello stesso anno a Veidt fu offerta la parte del Maggiore Strasser in *Casablanca* (1942), una delle sue più belle interpretazioni, una brillante combinazione di raffinata malvagità e di strano fascino che allora fece breccia soprattutto nelle donne, grazie alla sua abilità di iniettare un vago ma riconoscibile substrato di simpatia ai suoi personaggi, anche se cattivi. In un articolo su *Casablanca* del numero di dicembre 1991 dell'American Heritage, Edward Sorel scrisse: «L'attore tedesco Conrad Veidt costituiva uno spiraglio di luce nella diffusa opacità. La parte che interpretava dello spietato Maggiore Strasser era in contrasto col suo fascino innato e con il suo suadente umorismo autoironico».

Un fatto poco conosciuto è che Conrad Veidt e Humphrey Bogart aiutarono a immaginare la scena finale di *Casablanca*: quella in cui il Maggiore Strasser cerca di telefonare alla torre di controllo per fermare il piano di Victor Laszlo e Ilsa Lund. Lo script originale prevedeva che Bogart sparasse al nazista mentre era al telefono, ma sia Bogart che Veidt si trovarono d'accordo che questo non si conciliava con il carattere del personaggio di Bogart/Rick Blaine. Così convinsero il regista Michael Curtiz a cambiare la sceneggiatura, facendo sì che il Maggiore Strasser estraesse per primo l'arma e Rick sparasse per difesa. Un'altra curiosità interessante è che la proiezione del film in Marocco fu proibita dal governo americano, perché le autorità erano preoccupate che potesse infiammare il conflitto tra le fazioni pro e anti Vichy. Infine, durante la prima distribuzione in Europa dopo la guerra, il film non ottenne molta popolarità: il pubblico francese disapprovò la descrizione della vita nella Francia occupata, mentre Svezia e Germania andarono anche oltre, censurando le loro copie di *Casablanca* e rimuovendo tutti i passaggi di Conrad Veidt e tutti i riferimenti al nazismo!

FILMOGRAFIA

Der Weg des Todes (1916); *Wenn Tote sprechen* (1917); *De Spion* (1917); *Das Ratsel von Bangalor* (1917); *Furcht* (1917); *Das Tagebuch einer Varlorenen* (1918); *Jettchen Geberts Geschichte* (1918); *Es werde Licht!* (1918); *Dida Ibsen Geschichte* (1918); *Henriette Jacoby* (1918); *Opfer der Gesselschaft* (1918); *Colomba* (1918); *Prostitution, 1. Teil - Das gelbe Haus* (1919); *Die Reise um die Erde in 80 Tagen* (1919); *Peer Gynt* (1919); *Anders als die Andern* (1919); *Die Okarina* (1919); *Prostitution, 2. Teil - Die sich verkaufen* (1919); *Prinz Kuckuck* (1919); *Wahnsinn* (1919); *Un affare misterioso* (1919); *Opium* (1919); *Die Japanerin* (1919); *Chopin* (1919); *Nachtgestalten* (1920); *Der Reigen –Ein Werdegang* (1920); *Il gabinetto del dottor Caligari* (1920); *Patience* (1920); *Die Nacht auf Goldenhall* (1920); *La testa di giano* (1920); *Kurfurstendamm* (1920); *Manolescus Memoirem* (1920); *Weltbrand* (1920); *Nostalgia* (1920); *Satana* (1920); *Moriturus* (1920); *Die Augen der Welt* (1920); *Liebestaumel* (1920); *Kunstlerlaunen* (1920); *Das Geheimnis von Bombay* (1920); *Sera... notte... mattino* (1920); *Il cammino nella notte* (1920); *Der Bucklige und die Tanzerin* (1920); *Die Liebscahften des Hektor Dalmore* (1921); *Menschen im Rausch* (1921); *Der Leidensweg der Inge Krafft* (1921); *Landstraße und Großstadt* (1921); *Das Indiche Grabmal: Die Sendung des Yoghi* (1921); *Das Indiche Grabmal: Der Tiger von*

Eschnapur (1921); *Der Graf von Cagliostro* (1921); *Christian Wahnschaffe* (1921); *Danton* (1921); *Lady Hamilton* (1921); *Lucrezia Borgia* (1922); *Paganini* (1923); *Guglielmo Tell* (1923); *Glanz gegen Gluck* (1923); *Carlos und Elisabeth* (1924); *Il gabinetto delle figure di cera* (1924); *Orlacs Hande* (1924); *Nju* (1924); *Ingmarsarvet* (1925); *Schicksal* (1925); *Liebe macht blind* (1925); *Le Comte Kostia* (1925); *Durfen wir schweigen?* (1926); *Lo studente di Praga* (1926); *Kreuzzug des Weibes* (1926); *Der Geiger von Florenz* (1926); *Die Flucht in die Nacht* (1926); *Die Bruder Schellenberg* (1926); *The Beloved Rogue* (1927); *A Man's Past* (1927); *Gesetze der Liebe* (1927); *L'uomo che ride* (1928); *Terra senza donne* (1929); *The Last Performance* (1929); *Die Große Sehnsucht* (1930); *Rasputin, Damon der Frauen* (1930); *Fortunale sulla scogliera* (1930); *Notti sul Bosforo* (1930); *L'ultima compagnia* (1930); *Il Congresso si diverte* (1931); *Die Andere Seite* (1931); *Tormento* (1931); *L'ussaro nero* (1932); *Rome Express* (1932); *Ich und die Kaiserin* (1933); *F.P.1* (1933); *The Wandering Jew* (1933); *Ero una spia* (1933); *Guglielmo Tell* (1934); *Jew Suess* (1934); *Bella Donna* (1934); *The Passing of the Third Floor Back* (1935); *King of the Damned* (1935); *Le tre spie* (1937); *Il manto rosso* (1937); *Il tiranno del Tibet* (1938); *La spia in nero* (1938); *Scacco alla regina* (1938); *Contrabbando* (1940); *Incontro senza domani* (1940); *Il ladro di Bagdad* (1940); *Volto di donna* (1941); *La prima notte in tre* (1941); *Uomini nella sua vita* (1941); *Sesta Colonna* (1942); *Nazi Agent* (1942); *Casablanca* (1942); *Al di sopra di ogni sospetto* (1943)

LON CHANEY: L'UOMO DALLE MILLE FACCE

Quando pensiamo al cinema muto, ad attori come Charlie Chaplin, Buster Keaton o Clara Bow, stelle che hanno creato personaggi divenuti icone moderne e immortali, è impossibile non riconoscere loro una

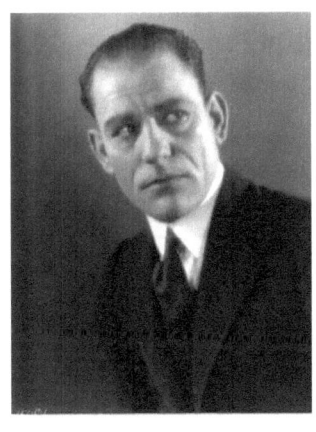

straordinaria capacità trasformista. Con gli anni, hanno perfezionato quello che avevano creato, ma raramente hanno tentato altri ruoli, considerando questo tipo di carriera l'apice del successo. Così non fu per Lon Chaney, per il quale l'arte della recitazione era l'arte della continua trasformazione, significava lasciare la propria pelle per indossarne un'altra. In oltre cento film, l'attore americano ha interpretato ruoli di ogni tipo, passando però alla storia per gli horror, dove amava personaggi estremi e spesso fisicamente impressionanti.

Nato il 1° aprile 1883, a Colorado Springs (Colorado), Leonida Chaney fu l'ultimo di quattro figli nati da genitori sordomuti (nel 1874 i nonni materni avevano fondato la prima scuola per sordi del Colorado). L'attore imparò, quindi, fin da bambino la comunicazione gestuale, cosicché fu capace di esprimere con il viso e il corpo, e senza pronunciare una sola parola, una straordinaria varietà di emozioni. Nei primi anni dell'adolescenza, Chaney entrò nel mondo del teatro lavorando come attrezzista e macchinista presso il Teatro dell'Opera locale. Nel 1902, all'età di diciannove anni, debuttò in uno spettacolo amatoriale, per poi unirsi a una compagnia itinerante specializzata in commedie musicali. Durante questo periodo, l'attore sviluppò le sue capacità di ballerino, utilizzando ancora una volta il suo corpo per affascinare il pubblico, mentre nel 1905 Chaney conobbe, durante uno spettacolo a Oklahoma City, la giovane cantante Cleva Creighton con cui si sposò in quello stesso anno. L'anno successivo, l'attore divenne padre di Creighton Chaney (poi diventato famoso al cinema col nome di Lon Chaney Jr.), ma i primi anni di matrimonio non furono facili e nel 1913, dopo che la coppia si era stabilita a Los Angeles, Cleva tentò il sucidio, ingerendo del veleno durante uno spettacolo al Teatro Majestic di Los Angeles, in California, dove il marito si stava esibendo. Le conseguenze del folle gesto furono tragiche e la donna subì il danneggiamento delle corde vocali, dovendo abbandonare la sua carriera di cantante. Sconvolti dalla nuova situazione, i due si separarono e Chaney ottenne la custodia del figlio, decidendo di abbandonare il teatro per tentare la fortuna nel cinema che, proprio in quegli anni, stava guadagnando consensi tra il pubblico di tutto il mondo, a discapito proprio del teatro.

Durante la sua carriera sul grande schermo, Chaney girò un numero imprecisato di film (la filmografia ufficiale parla di 157), dimostrazione della sua straordinaria abilità di cambiare il proprio aspetto, tanto da meritarsi il soprannome di "uomo dalle mille facce". Dovendo recitare nel cinema muto, l'attore puntò sulla sua fisicità e sulla capacità di esprimersi con gesti ed espressioni, cosicché nel 1919, a trentasei anni, recitò in *L'uomo del miracolo* di George Loane Tucker, in cui indossò i panni di uno storpio fasullo che, insieme ad altri criminali, sfrutta un falso guaritore per truffare gli abitanti di una piccola città del New England. Dopo questa performance, Chaney ricevette le attenzioni dell'industria hollywoodiana, così da recitare, un anno più tardi, nel film *The Penalty* di Wallace Worsley, un'altra crime story in cui l'attore interpretò un criminale senza gambe. In quest'occasione, lo stesso Chaney ideò una speciale cintura in pelle con dei ceppi che gli permisero di camminare sulle ginocchia tenendo le gambe dietro le spalle: «[...] le mie estremità erano legate dietro con una bardatura appositamente costruita. Questo mi fermava la circolazione e mi procurava sofferenze inenarrabili. Il dolore era così atroce che ero in grado di girare una scena solo per pochi minuti alla volta, e dovevo sottopormi a massaggi al cuore dopo ogni scena. Ero molto contento quando il film terminò, benché non mi dispiaccia adesso di aver provato quel ruolo. I risultati sullo schermo furono molto convincenti; ancora oggi ci sono migliaia di persone che si rifiutano di credere che io non sia uno storpio senza gambe. [...]»[5].

La pellicola di Worsley rappresentò il trampolino di lancio per Chaney che nel 1922 fu chiamato dallo stesso regista a recitare in *A Blind Bargain*, horror in cui l'attore vestì i panni di uno scienziato pazzo e della sua creatura, un essere gobbo e deforme, in una 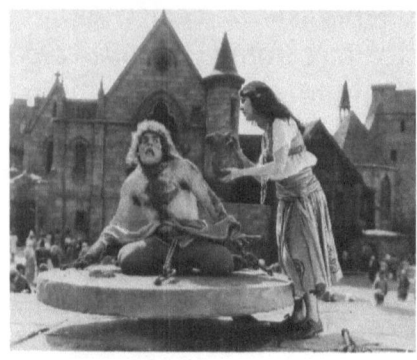 prima e non ufficiale trasposizione del *Frankenstein* di Mary Shelley. Un anno dopo, Chaney tornò a interpretare un ruolo macabro in *While Paris Sleep*, stavolta nei panni di un folle artista che si occupa di figure di cera. Grazie a questa sua straordinaria capacità di creare personaggi folli e orrendi, l'attore fu chiamato nello stesso anno per recitare nella prima trasposizione cinematografica del romanzo di Victor Hugo *Il gobbo di Notre Dame*. In Italia il film uscì col (discutibile) titolo *Nostra signora di Parigi* e Chaney vestì i panni di Quasimodo, distorcendo il proprio volto grazie alla cera, denti finti e cerone, con l'unico scopo di copiare feldelmente la descrizione di Victor Hugo. Il film fu considerato «[...] sontuoso e ricco anche dal punto di vista figurativo e drammatico [...]»[6] e la performance di Chaney fu talmente convincente che nel 1925 l'attore tornò a interpretare un mostro in *Il fantasma dell'opera* di Rupert Julian. In entrambi i film, Chaney domina la scena grazie alla sua duplice capacità di disgustare il pubblico con il volto del suo personaggio, ma di creare con esso una straordinaria empatia. Per riuscirci, Chaney ricreò con attenzione i dettagli letterari del volto del fantasma (descritto come un teschio vivente), facendo un uso massiccio di trucco e sfruttando al massimo l'illuminazione scenica, visto che, come lui stesso confessò, «[...] ci sono trucchi nel mio peculiare lavoro che non vorrei

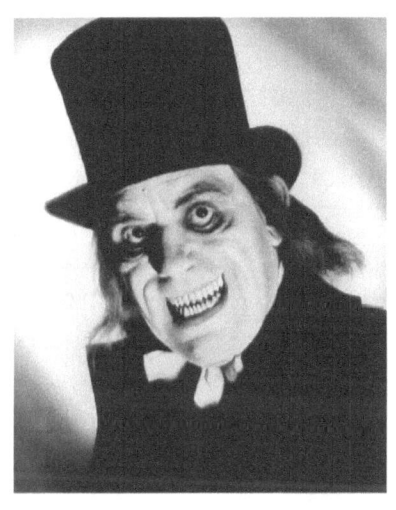

divulgare, non più di quanto un mago desideri svelare la sua arte. Nel *Fantasma dell'Opera* la gente è rimasta colpita dal mio spaventoso make-up. Ho ottenuto l'aspetto da testa di morto di quel ruolo senza indossare una maschera. È stato l'utilizzo di tinte nelle giuste sfumature e nei punti giusti che ha dato la completa illusione di orrore. Le mie esperienze sui palcoscenici teatrali, che furono ampie e svariate prima di approdare al cinema, mi hanno fatto comprendere l'importanza degli effetti di luce sulle facce degli attori e dei piccoli trucchi illusionistici. Grazie a ciò sono stato in grado di ottenere risultati spaventosi sullo schermo. Non ho mai indossato una maschera in vita mia, tranne che nelle feste di Halloween. È tutta una questione di combinare trucco e luci per ottenere la giusta illusione. Avendo ereditato dal palcoscenico al cinema ruoli bizzari e sgradevoli, suppongo di aver sviluppato una speciale capacità di deformare i miei lineamenti e le mie membra. Si tratta di un'arte, ma non magia. [...]»[7].

Sempre nel 1925, Chaney tornò a collaborare con Tod Browning, con cui nel 1919 aveva recitato in *La bestia nera* (*The Wicked Darling*). L'occasione fu il film *I tre* (*The Unholy Three*), un'altra crime story in cui l'attore è un ventriloquo a capo di una piccola banda di criminali formata, tra gli altri, da un nano e da un uomo forzuto. Anche qui, Chaney punta sulle sue capacità di trasformista, interpretando vari ruoli per ingannare le sue vittime, così come fece un anno più tardi in *Il corvo* (*The Blackbird*), storia firmata sempre da Browning. In questo caso, l'attore interpretò un criminale che nasconde una seconda vita nelle mentite spoglie di un caritatevole vescovo. Sempre nel 1926, Chaney dimostrò per l'ennesima volta la sua predilezione per ruoli "mascherati" in *The Road to Mandalay*, dove vestì i panni di Singapore Joe, ruolo per cui l'attore arrivò a utilizzare la membrana interna di un uovo per coprire un occhio cieco. Nel 1927, il duo Browning-Chaney tornò con *Lo sconosciuto* (*The Unknown*), in cui l'attore interpretò Alonzo, un lanciatore di coltelli senza braccia (per questo utilizza i piedi), braccato dalla polizia. In questo stesso anno, il felice connubio tra il regista e Chaney trovò la sua migliore realizzazione in occasione del film *Il fantasma del castello* (*London after Midnight*), primo film americano sui vampiri e

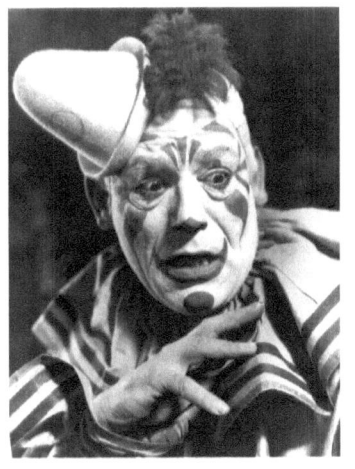

pellicola «[...] su cui si fonda la leggenda di Lon Chaney, l'uomo dai mille volti, l'autentica star dell'horror del muto. La sua immagine, presa da questo film, è una delle più ricorrenti nella pubblicistica cinematografica di genere, per la sua efficacissima carica iconica. [...]»[8]. Come già accaduto in passato, l'attore interpretò un doppio ruolo (un vampiro e un ispettore di polizia), dando per l'ennesima volta dimostrazione di straordinario talento: «[...] La caratterizzazione del grottesco vampiro interpretato da Chaney, simile a un pesce piranha, potrebbe competere degnamente con altre sue intepretazioni come Quasimodo o il Fantasma dell'Opera, se non fosse che, essendo andate perdute le copie del film da parecchio tempo, non è stata così conosciuta o apprezzata. [...]»[9].

Con l'avvento del sonoro, la carriera di Chaney subì un'improvvisa frenata, ma l'attore non gettò la spugna e affrontò la nuova esperienza con lo stesso entusiasmo con cui aveva conquistato gli appassionati del cinema muto. Per anni studiò i progressi della settima arte e nel 1930 riuscì a recitare nel suo primo film sonoro, *The Unholy Three*, remake di uno dei suoi più importanti successi.

Nell'occasione, Chaney potè saggiare l'amore che il pubblico ancora provava per lui, vedendo il film balzare in testa ai botteghini, ma il destino gli giocò un brutto scherzo: un cancro alla gola se lo portò via, a soli 47 anni, il 26 agosto del 1930.

Dopo la sua scomparsa, Chaney è stato spesso descritto come un modesto uomo d'affari piuttosto che come una delle principali star del cinema, ma i suoi colleghi lo ricordarono sempre come un grande attore e un'autorità sull'arte del make-up, poiché, a differenza di tanti altri, Chaney entrò nel mondo del cinema sonoro con la stessa grazia e la competenza che aveva mostrato in tutta la sua carriera. In occasione del suo funerale, l'attore Fellow Wallace Beery lo descrisse come «l'unico uomo che conoscevo e che riusciva a camminare con i re senza perdere il contatto con la gente».

FILMOGRAFIA

The Trey o' Hearts (1914); *Richelieu* (1914); *Damon and Pythias* (1914); *Bound on the Wheel* (1915); *Father and the Boys* (1915); *The Grip of Jealousy* (1916); *Tangled Hearts* (1916); *The Gilded Spider* (1916); *Bobbie of the Ballet* (1916); *The Grasp of Greed* (1916); *The Mark of Cain* (1916); *If My Country Should Call* (1916); *The Place Beyond the Winds* (1916); *The Price of Silence* (1916); *The Piper's Price* (1917); *Hell Morgan's Girl* (1917); *The Girl in the Checkered Coat* (1917); *Triumph* (1917); *Pay Me!* (1917); *The Rescue* (1917); *Fires of Rebellion* (1917); *A Doll's House* (1917); *The Flashlight* (1917); *The Scarlet Car* (1917); *Bondage* (1917); *Anything Once* (1917); *Danger, Go Slow* (1918); *The Talk of the Town* (1918); *That Devil, Bateese* (1918); *Riddle Gawne* (1918); *A Broadway Scandal* (1918); *Fast Company* (1918); *The Kaiser, the Beast of Berlin* (1918); *Broadway Love* (1918); *The Grand Passion* (1918); *Victory* (1919); *When Bearcat Went Dry* (1919); *Paid in Advance* (1919); *The Miracle Man* (1919); *A Man's Country* (1919); *The Wicked Darling* (1919); *The False Faces* (1919); *Outside the Law* (1920); *Nomads of the North* (1920); *The Penalty* (1920); *The Gift Supreme* (1920); *Treasure Island* (1920); *Daredevil Jack* (1920); *Voices of the City* (1921); *The Ace of Hearts* (1921); *Bits of Life* (1921); *For Those We Love* (1921); *A Blind Bargain* (1922); *Quincy Adams Sawyer* (1922); *Shadows* (1922); *Oliver Twist* (1922); *Flesh and Blood* (1922); *The Trap* (1922); *Il gobbo di Notre Dame* (1923); *The Shock* (1923); *While Paris Sleeps* (1923); *All the Brothers Were Valiant* (1923); *L'uomo che prende gli schiaffi* (1924); *The Next Corner* (1924); *The Tower of Lies* (1925); *Il trio infernale*

(1925); *Il fantasma dell'opera* (1925); *The Monster* (1925); *Tell It to the Marines* (1926); *The Road to Mandalay* (1926); *The Blackbird* (1926); *Il fantasma del castello* (1927); *Mockery* (1927); *Lo sconosciuto* (1927); *Mr. Wu* (1927); *La serpe di Zanzibar* (1928); *Mentre la città dorme* (1928); *Ridi pagliaccio* (1928); *La grande città* (1928); *Il ferroviere* (1929); *Vendetta d'oriente* (1929); *The Unholy Three* (1930)

GLI ANNI '30 e '40: DA *VILLAINS* A ICONE DEL CINEMA

A causa dei terribili strascichi di morte e distruzione lasciati dalla Prima Guerra Mondiale e delle crescenti tensioni che porteranno al Secondo Conflitto, gli anni '30 e '40 videro un vero e proprio boom dei cattivi al cinema. Anche in questo decennio, a cavallo tra la presa del potere di Hitler e lo scoppio della Seconda Guerra Mondiale, si registrò una sorta di precognizione cinematografica degli ormai prossimi orrori, rappresentati sia da una nuova rivisitazione dei miti letterari della fine dell'800 come Dracula o Frankenstein, sia da nuove creazioni e creature nate come costole dei vari mostri presenti nei primi film.

Si cominciò nel 1931 con uno dei più belli e importanti film del regista tedesco Fritz Lang, *M - Il mostro di Düsseldorf,* in cui il protagonista è un terribile serial killer di bambini interpretato da Peter Lorre. Nello stesso anno, arrivò anche il *Dracula* con Bela Lugosi, primo di una serie di pellicole "mostruose" prodotte dalla casa cinematografica Universal, che divenne in quegli anni una vera e propria fucina di film horror. Nel 1932, fu la volta di *Frankenstein*, con Boris Karloff nei panni della Creatura, un'interpretazione che ancora oggi è considerata ineguagliata. Soltanto un anno dopo uscì, sempre con Karloff e sempre per la Universal Film, *La mummia*, ispirato ai misteri dell'antico Egitto; infine, nel 1939, fu la volta di *L'uomo lupo* con Lon Chaney Jr., che aprirà un nuovo filone in cui i vari mostri si affronteranno tra loro.

Mai nella storia del cinema si ripeterà una produzione talmente vasta nel genere horror (gli si avvicinerà soltanto la Hammer trant'anni dopo) e mai, nonostante l'avanzare e lo svilupparsi degli effetti speciali, lo spettatore si ritroverà davanti personaggi affascinanti e spaventosi come quelli "regalatici" dalla Universal a cavallo di un solo decennio. Ma i cattivi di quegli anni non furono rappresentati soltanto dal boom dell'horror, ma anche dalla nascita del cosiddetto cinema noir, in cui gangster, killer e assassini di tutti i tipi trovarono largo spazio e successo: tra questi, James Cagney con *La furia umana* diede vita a uno dei personaggi che ancora oggi viene ricordato dagli appassionati come l'avo dei moderni Robert De Niro/Al Capone o Marlon Brando/Vito Corleone, vale a dire lo spietato gangster Coddy Jarret.

PETER LORRE: IL CATTIVO "STRANIERO"

Ladislav Loewenstein, in arte Peter Lorre, nacque il 26 giugno 1904 a Rozsahegy in Ungheria (ora parte della Repubblica Ceca). Era il primo figlio di una famiglia ebrea della classe media di lingua tedesca e crebbe a Vienna e in vari avamposti dell'impero austro-ungarico.

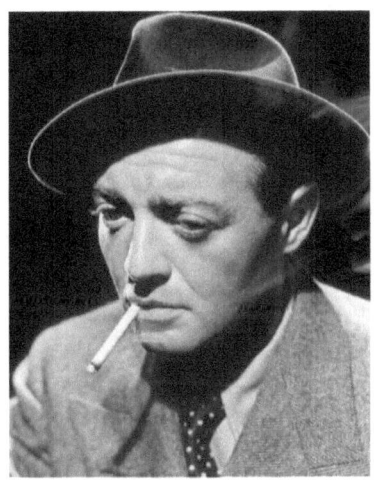

Nonostante il padre avesse tentato di spingerlo a una rispettabile carriera di banchiere, "Laczy" era determinato a diventare attore e trascorse la maggior parte degli anni '20 a imparare il mestiere in diverse piccole compagnie teatrali, tra cui la compagnia sperimentale dello psicologo Jacob Moreno che gli consigliò di adottare il nome d'arte Peter Lorre. Durante questo periodo, Peter iniziò a far uso di morfina, sviluppando alla fine una dipendenza che non riuscì mai a superare ma che si adoperò di mantenere segreta al pubblico e a molti di coloro che lavorarono con lui. Tra la fine degli anni '20 e l'inizio degli anni '30 Peter ottenne il successo nei teatri di Berlino nelle opere *Engineers in Ingolstadt, Danton's Death (La morte di Danton),*

Spring Awakening, e *Tales from the Vienna Woods*. Entrò a far parte del circolo teatrale del drammaturgo d'avanguardia Bertolt Brecht e comparve nelle messe in scena di *Happy and Man Equals Man*.

Nonostante la formazione teatrale, Peter Lorre 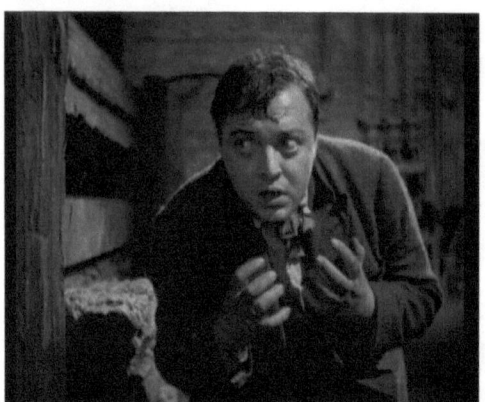 ebbe un successo incredibile fin dalla sua prima apparizione cinematografica, nel thriller del 1931 di Fritz Lang *M - Il mostro di Düsseldorf*.

Considerato oggi un classico del cinema tedesco, *M* deve in larga parte la sua fama al suo ingegnoso climax, in cui l'assassino interpretato da Lorre, che il pubblico è spinto a odiare e a temere durante tutto il film, è catturato da una folla che lo vorrebbe processare arbitrariamente. Lo straziante discorso del giovane che cerca di salvarsi la vita davanti a un popolo di suoi pari (poiché sono gli stessi malviventi a volerlo giudicare e condannare a morte!), produsse un'indimenticabile impressione sui critici, sul pubblico e, cosa più significativa, sulla comunità cinematografica internazionale: «Ma chi sei tu, ma cosa dici tu, chi sei tu che vuoi giudicarmi. E chi siete voi, un branco di assassini, di malviventi, ma chi credete di essere, solo perché sapete come si fa a scassinare una cassaforte o ad arrampicarsi sui muri e sui tetti. Sapete fare solo questo e niente altro, non avete mai lavorato in vita vostra! Non avete mai imparato un lavoro onesto, siete un branco di maiali, niente altro che un branco di maiali pigri. Ma io che posso fare, che posso fare altro? Non ho forse questa maledizione in me? Questo fuoco, questa voce, questa pena! [...]». Un discorso in cui per la prima volta si parla di infermità mentale, in cui si tira in ballo la responsabilità dello Stato di rieducare chi si rende protagonista di atti criminali, in cui si parla della legge come difensore, in cui, in definitiva, si discute sulla utilità della pena di morte.

Anche se Lorre scelse i successivi ruoli attentamente, per evitare di essere identificato nello stile psicopatico di *M*, era proprio quell'unione di minaccia e pathos che i produttori, i registi e gli sceneggiatori si sforzeranno di tirar fuori da lui. Quel suo inquietante fischiettare quando prende di mira una bambina, il tormentarsi continuamente le mani, l'espressione a metà tra il corrucciato e l'emozionato, gli occhi sbarrati, lo sprofondare la testa nelle spalle come a volersi nascondere (o forse a voler difendersi dagli istinti che lo spingono a uccidere), ci hanno regalato un personaggio straordinario, un vero e proprio antesignano dei moderni serial killer cinematografici. L'intento del regista Fritz Lang, già apprezzato con *Metropolis*, è quello di mostrare come in ogni coscienza umana covi, consciamente o meno, un latente impulso a uccidere, un po' come qualche anno più tardi succederà con *L'uomo lupo*, che con *M* ha in comune il fatto di rappresentare un uomo che non riesce a controllare i suoi impulsi e a risolvere i suoi conflitti interni. Lang, però, sembra voler andare oltre, e disegna M come un killer di bambini, e quindi come il peggiore degli assassini, riuscendo nella difficile operazione di non disgustare gli spettatori, limitandosi ad accennare quanto succede senza mai mostrare scene violente o sconvolgenti. Il suo è quasi 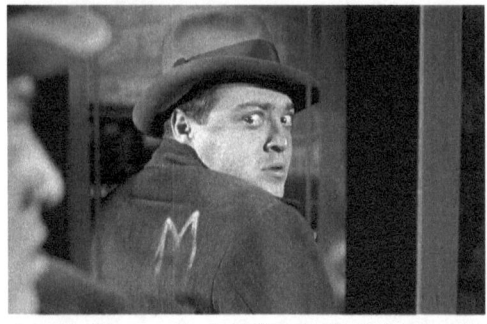 un far immaginare quanto è capace di fare il mostro: la palla che rotola, il palloncino abbandonato dalla mano della bambina e impigliato nei fili del telegrafo, tutti elementi che spingono lo spettatore a crearsi autonomamente la scena del film.

«In *M* non mi interessava soltanto scoprire perché qualcuno è spinto a un delitto orrendo come l'assassinio di bambini», ha dichiarato Lang, «ma anche discutere i pro e i contro della pena di morte. Il messaggio del film non è la condanna dell'assassino, ma l'ammonimento alle madri: "Bisogna vigilare meglio sui figli". Se anche potessi far vedere la cosa più orribile al mondo per me, questa potrebbe non esserlo per qualcun altro. Tutto il pubblico, anche chi non osa permettersi di capire quello che è successo alla povera bambina in *M,* sente un brivido corrergli lungo la schiena. Ma ognuno prova una sensazione diversa, perché ciascuno immagina la cosa più terribile che potrebbe esserle accaduta. E non avrei potuto ottenere questo effetto se avessi mostrato una sola possibilità, ad esempio il maniaco che fa a pezzi la bambina. In questo modo costringo il pubblico a collaborare con me; suggerendo qualcosa, ottengo un'impressione più forte, un coinvolgimento più profondo che facendola vedere. In altre parole, io mostro il risultato della violenza»[10].

Un paio di curiosità: la prima versione del film fu autorizzata dalla Commissione Centrale della Censura il 27 aprile del 1931 con una lunghezza di 3208 metri e poi proiettato per la prima volta l'11 maggio dello stesso anno. Nel 1960 uscì una seconda versione ridotta a 2693 metri e con il titolo modificato in *M – L'assassino ti guarda*.

In seguito all'elezione di Hitler nel 1933, Peter Lorre lasciò la Germania per trasferirsi in Inghilterra dove, a causa del suo caratteristico accento viennese, la bassa statura e un aspetto esageratamente etnico - in poche parole il suo "essere straniero" - fu più o meno costretto a interpretare quei ruoli da malvagio che aveva fino ad allora provato a evitare nei film tedeschi. Il primo film in lingua inglese in cui recitò fu *L'uomo che sapeva troppo* di Alfred Hitchcock del 1934, dove interpretò un terrorista.

Si trasferì in seguito nel sud della California, diventando cittadino americano nel 1941. Il debutto sugli schermi americani avvenne, però, già nel 1935, come interprete principale del melodramma horror frankensteiniano *Amore folle* e come Raskolnikov in *Delitto e Castigo*. Nessuno dei due film ebbe un grande successo, ma questi e i successivi ruoli, così come le apparizioni alla radio come ospite, lo resero famoso come personificazione stessa di criminali e pazzi. Il marchio di fabbrica del personaggio Peter Lorre – pericoloso ma vulnerabile, con un eccentrico

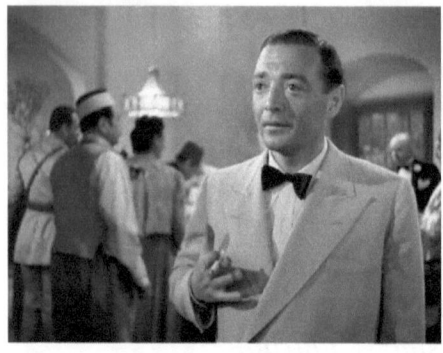

charme tutto suo – sembrò affascinare gli addetti ai lavori che lavorarono con lui e contro di lui per far emergere i cambiamenti di quella meravigliosa creatura intravista per la prima volta in *M*.

Ironicamente, fu proprio l'inclinazione di Peter a recitare contro il modello di uomo cattivo a infondere anche nel personaggio più "positivo", quello del popolare detective Mr. Moto, così come nello straordinario personaggio di *Casablanca*, una fine gestualità e sfumature emozionali degne del teatro dell'arte di Berlino, che resero le varie "pelli" che interpretò, intriganti e divertenti. La prima apparizione cinematografica di Mr. Moto è datata 1938 e anche se l'ultima risale a solo un anno più tardi, i film che lo videro protagonista furono ben cinque.

Mr. Moto è l'asso nella manica del servizio segreto giapponese, si presenta come «[...] un ometto piccolo, dall'aspetto delicato, quasi gracile [...]»[11], ma nonostante l'aspetto fisico, nasconde una grande forza: è, infatti, esperto di arti marziali e si rivela più furbo e intelligente dei suoi più conosciuti colleghi Charlie Chan e Mr. Wong. Parla un inglese fluente e possiede conoscenza e attitudini uniche, come saper guidare una barca, compiere rilievi topografici, preparare perfino ottimi cocktail. La prima apparizione si ebbe con il film *Il misterioso Mr. Moto*, per il quale fu scelto proprio Peter Lorre - fino ad allora relegato per lo più in ruoli marginali - contro la volontà del regista Norman Foster che non riteneva opportuno "usare" un attore ungherese nel ruolo di un personaggio giapponese. Tuttavia, Lorre ottenne subito un notevole successo, costringendo l'ancora riluttante regista a girare altri quattro film in meno di un anno. La straordinaria credibilità della sua interpretazione fu anche merito dell'ottimo make-up a cui l'attore veniva sottoposto prima di ogni ripresa e completato da occhiali dalla montatura d'acciaio che lo resero quasi irriconoscibile agli occhi degli spettatori, permettendo così la nascita di un personaggio nuovo, simpatico, del tutto estraneo a quelli fino ad allora interpretati da Lorre.

Ciò nonostante, Peter si sentì sprecato e umiliato, vedendo le sue notevoli doti incanalate nella perpetuazione della bizzarra icona popolare "Peter Lorre" e così cercò prima di riavvicinarsi al teatro e poi di scrivere lui stesso un film (*Der Verlorene* del 1950), un thriller psicologico che evocava la colpevolezza della Germania dopo la guerra per i crimini del suo passato nazista. La pellicola fu però un fiasco e non fu distribuito negli Stati Uniti fino agli anni '80.

Peter invecchiò male, anche se non fu mai un bell'uomo in senso convenzionale. Il pubblico continuava ad amarlo, comunque, ed egli evitò di continuare a recitare in ruoli horror, preferendo lavorare in televisione e in pellicole non di genere come *20.000 leghe sotto i mari* e *La bella di Mosca*. Quasi alla fine della sua vita, accettò di apparire in alcuni film horror di serie B a basso costo diretti da Roger Corman, tra cui *I maghi del terrore*, che caratterizzò alcuni dei suoi ultimi più affascinanti e creativi lavori.

Morì il 23 marzo del 1964.

FILMOGRAFIA

Die Verschwundene Frau (1929); *Il diavolo bianco* (1930); *M - Il mostro di Dusseldorf* (1931); *Bomben auf Montecarlo* (1931); *Die Koffer des Herm O.F.* (1931); *Mann ist Mann* (1931); *I cinque del jazz band* (1932); *Stupefiants* (1932); *F. P. 1 non risponde* (1932); *Der Weibe Damon* (1932); *Schub im Morgengrauen* (1932); *Was Frauen traumen* (1933); *Unsichtbare Gegner* (1933); *Les requins du petrole* (1933); *Alto in basso, Dall* (1933); *L'uomo che sapeva troppo* (1934); *Amore folle* (1935); *Ho ucciso!* (1935); *Amore e mistero* (1936); *Un dramma sull'oceano* (1936); *Senza perdono* (1937); *Tigre verde* (1937); *La spia dei lancieri* (1937); *Il tesoro di Gengis Khan* (1937); *Il guanto avvelenato* (1938); *Mr. Moto coglie l'occasione* (1938); *Chi vuole un milione?* (1938); *Il misterioso Mr. Moto* (1938); *L'ultimo avvertimento di Mr. Moto* (1939); *Mr. Moto nell'isola del pericolo* (1939); *Mr. Moto va in vacanza* (1939); *L'isola del diavolo* (1940); *I Was an Adventures* (1940); *Island of Doomed Men* (1940); *You'll Find Out* (1940); *Lo sconosciuto del terzo piano* (1940); *Der Ewige Jude* (1940); *L'uomo della maschera* (1941); *Mr. District Attorney* (1941); *Avventura a Bombay* (1941); *Il mistero del falco* (1941); *La sesta colonna* (1942); *In questa nostra vita* (1942*); Invisible Agent* (1942); *The Boogie Man Will get You* (1942); *Casablanca* (1942); *Le spie* (1943); *Il fiore che non colsi* (1943); *La croce di Lorena* (1943); *Il giuramento dei forzati* (1944); *La* maschera di Dimitrios (1944); *Arsenico e vecchi merletti* (1944); *I cospiratori* (1944); *Ho baciato una stella* (1944); *Hotel Berlino* (1945); *L'agente confidenziale* (1945); *L'idolo cinese* (1946); *L'angelo nero* (1946); *Incatenata* (1946); *La morte viene da Scotland Yard* (1946); *Il mistero delle 5 dita* (1946); *La mia brunetta preferita* (1947); *Casbah* (1948); *La corda di sabbia* (1949); *Sabbie mobili* (1950); *Der Verlorene* (1951); *Il tesoro dell'Africa* (1953); *Ventimila leghe sotto i mari* (1954); *Operation Cicero* (serie TV) (1955); *Meet me in Las Vegas* (1956); *Congo* (1956); *Il giro del mondo in 80 giorni* (1956); *La storia di Buster Keaton* (1957); *La bella di Mosca* (1957); *The story of Mankind* (1957); *Il marmittone* (1957); *I filibustieri dei mari del sud* (1957); *Il grande circo* (1959); *Doppia confessione* (1959); *Scent of mistery* (1960); *Viaggio in fondo al mare* (1961); *I racconti del terrore* (1962); *Cinque settimane in pallone* (1962); *Il clan del terrore* (1964); *Muscle beach Party* (1964); *Jerry 8 e ¾* (1964)

BORIS KARLOFF: UNA PERENNE MASCHERA DA CATTIVO

Proveniente da una agiata famiglia borghese inglese, Boris Karloff, al secolo William Henry Pratt, nacque a Dulwich nel 1887. Fin da bambino mostrò interesse ed entusiasmo verso il teatro e già a nove

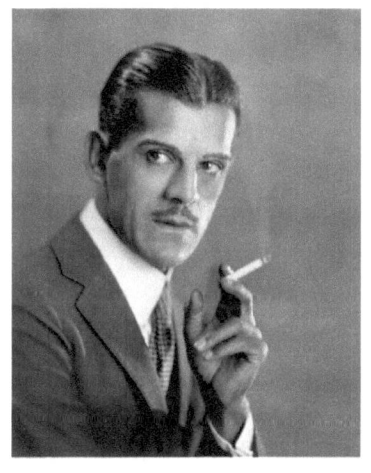

anni calcò le scene nello spettacolo *Il re dei demoni.* L'esperienza sembrò, però, fermarsi lì: la sua famiglia, infatti, avrebbe voluto che il giovane William continuasse sulla strada tracciata dai genitori (quella di diplomatici) e così, a diciotto anni, fu costretto ad abbandonare il teatro e le velleità di recitazione per iscriversi al King College. Ben presto i familiari dovettero, però, cedere all'evidenza e di fronte ai disastrosi risultati scolastici, lo misero davanti a una difficile scelta: continuare gli studi abbandonando la recitazione o andare via di casa. William scelse la seconda possibilità e affidò al lancio di una moneta la destinazione: Canada o Australia? Vinse il Canada, così il giovane signor Pratt arrivò a Ontario nel 1909 e da qui partì per Vancouver dove, dopo alcuni vani tentativi di entrare in una compagnia teatrale, lesse per caso l'annuncio di un agente teatrale di Seattle. Presentatosi da lui con il nome d'arte di Boris Karloff - una sorta di unione slava tra il cognome di origine russa della madre e un nome che sembrasse drammaticamente appropriato - mentì riguardo la sua esperienza e ottenne la prima parte da professionista, interpretando un personaggio di quasi tre volte la sua età. La sua recitazione fu, tuttavia, così terribile che anni dopo ci scherzò sopra, dicendo che il suo stipendio era di 30 $ quando si alzava il sipario e di 15 $ quando si abbassava.

Durante i successivi sette anni, perseverò nella recitazione, andando in tour con varie compagnie teatrali, arrivando a recitare in 106 diversi ruoli durante 53 settimane. Esperienze che gli servirono soprattutto per capire che i ruoli tristi o violenti gli calzavano a pennello. Nel 1918, arrivò la prima comparsata cinematografica, in un film di Douglas Fairbanks, nello stesso periodo in cui era in tour a Los Angeles con una compagnia teatrale. Il suo strano look e il suo fisico possente sembravano prestarsi perfettamente al cinema, e così continuò ad alternare il lavoro in teatro con alcuni film, per lo più come comparsa, fino al 1930 quando gli fu offerto di ricoprire un ruolo minore, quello del galeotto Galloway, nel film *Codice criminale*. La scena in cui uccide un infiltrato della polizia è un classico di Karloff: con andatura minacciosa e la fronte "brutale" mette con le spalle al muro la sua vittima, poi, lentamente, chiude la porta in faccia allo spettatore, oscurando in pratica la brutale violenza che siamo costretti a immaginare.

Dopo molti anni passati dividendosi tra teatro e cinema, un fatidico giorno del 1931 il regista James Whale notò Boris Karloff aggirarsi negli studios e rimase affascinato dalla forma della sua testa: 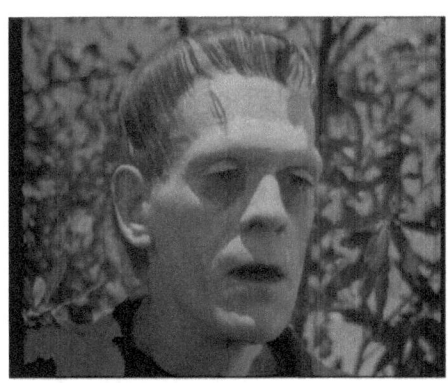 quell'omaccione dal viso allampanato e dagli occhi infossati, gli sembrò l'ideale sostituto del refrattario Bela Lugosi, allora all'apice del successo grazie a *Dracula*, deciso a rifiutare il ruolo di Frankenstein, poiché privo di dialoghi e troppo poco espressivo per la sua recitazione. E così, grazie anche all'abilissimo tecnico del make-up Jack Pierce, dopo ben due settimane di lavoro, Boris Karloff fu trasformato in quella maschera che ancora oggi è scolpita nella memoria degli amanti dell'horror: la fronte quadrata, le palpebre cadenti su globi oculari dalle profonde occhiaie, le labbra nere, gli elettrodi sul collo, le cicatrici su tutto il viso. L'artificiosità di Karloff, l'infantile goffaggine, la gesticolazione supplichevole e le opposte esplosioni di innata furia diedero al Mostro una vita eterna sullo schermo. Sotto densi strati di mastice che appesantivano, abbassandole, le palpebre, Boris usò i suoi occhi come uno strumento per trasmettere panico, confusione e autentico male, attraverso una maschera disegnata per spaventare e ripugnare (lo rifarà anche nel successivo *La mummia*). Indossò una giacca con le maniche tagliate per far sembrare le braccia più lunghe e due paia di pantaloni per far sembrare più massicce le magre gambe che furono anche irrigidite e deformate da protesi d'acciaio; il tutto completato da un paio di stivaloni usati dagli asfaltatori, con l'aggiunta di suole di piombo per rendere il passo più rigido. Il volto e la corporatura di Karloff si prestarono alla perfezione per quel ruolo, e anche se prima di ogni ripresa l'attore doveva sottoporsi a circa tre ore di trucco, il successo fu straordinario, tanto che i produttori della Universal (che nelle locandine ne avevano scritto soltanto il cognome), lo rivollero per altri ruoli da cattivo o da mostro nei classici *La mummia* (1932), *La moglie di Frankenstein* (1935), *Il figlio di Frankenstein* (1939) e *La iena – L'uomo di mezzanotte* (1945).

Curioso che l'inizio (un prologo in cui Edward van Sloan mette in guardia gli spettatori più emotivi) e l'epilogo (un campo lungo ai bordi del rogo che inquadra il giovane professore teneramente abbracciato alla moglie) furono aggiunti dopo la presentazione pubblica del film. L'horror ebbe così un nuovo re, ma il suo forte accento britannico e la "lisca", destarono qualche preoccupazione per il passaggio al sonoro; preoccupazione superata, però, fin dal primo film, *La maschera di Fu Manchu* (1932), che anticipò l'altro clamoroso successo di Karloff, *La mummia*, ancora una volta prodotto dalla Universal, in cui interpretò un faraone risvegliato da una spiegazzata pergamena.

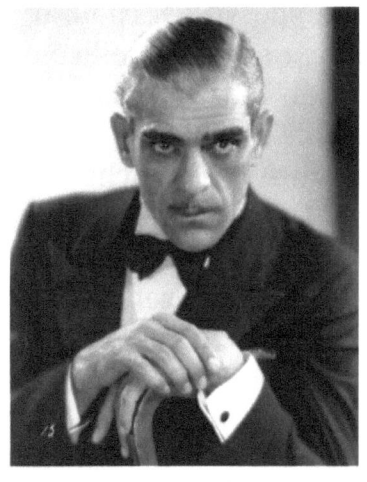

Nonostante il genere horror gli avesse regalato il successo, Karloff non approvò mai la parola "horror", perché vedeva in essa un senso di "rifiuto", qualcosa che lui non aveva mai provato a fare; a dimostrazione di ciò, l'attore ha sempre voluto dare ai suoi mostri, sia mortali che immortali, straordinarie sfumature di intelligenza, come si vede sia nella tormentosa solitudine della sua creatura in *La moglie di Frankenstein* (1935) - in cui Karloff diede al suo Mostro calore, humor e sorprendenti note di malinconia: «*Io amavo essere morto, odio vivere*» - che nel ripugnante piccolo uomo che scatenò il suo odio all'interno delle oscure mura di *Bedlam* (1946).

Trascorso il periodo d'oro della Universal, Karloff - reso ormai schiavo di un personaggio che gli aveva dato fama e successo – decise di tornare in Europa dove, soprattutto nella nativa Inghilterra, girò vari film di serie B, alcuni anche in Italia, tra cui *I tre volti della paura* di Mario Bava nel 1963, definito «[...] formalmente molto curato, e con momenti di autentica suspense (specie negli ultimi due episodi). Sorprendente, per i tempi, il finale in cui Karloff si rivolge con ironia allo spettatore mostrando che il cavallo su cui galoppa è finto. [...]»[12]; in seguito, fu "costretto" a rientrare negli Stati Uniti, dove si dovette accontentare di figurare, spesso nel ruolo di parodia di se stesso, in una lunga serie di pellicole mediocri, incentrate su scienziati pazzi, mostri o criminali resuscitati, con sporadiche evasioni nella commedia (Gianni e Pinotto su tutti) e finanche nel western ne *Gli invincibili* con Gary Cooper, dove interpretava un capo indiano.

Nonostante i successi, Boris Karloff preferì una vita ritirata: si sposò cinque volte, coltivò la passione per il cricket e allevò tacchini nella sua fattoria, evitando la vita sociale di Hollywood, anche se non si tirò mai indietro quando si trattava di beneficiare i suoi colleghi, e a questo scopo divenne membro della fondazione Screen Actor's Guild.

Dopo il successo a cavallo degli anni '30 e '40, Karloff fu sul punto di ritirarsi dalle scene, tornando per qualche tempo alla sua prima passione, il teatro, ottenendo molti applausi nella produzione di Broadway di *Arsenico e vecchi merletti* e poi recitando nel ruolo del Vescovo Cauchon in *The Lark*, opposto a Julie Harris; un ruolo che ripeté anche per la televisione. Volle anche interpretare Capitan Uncino nella produzione teatrale di *Peter Pan,* giustificando la sua preferenza per testi "non classici" dicendo che non aveva abbastanza talento per recitare Shakespeare.

Sulla sedia a rotelle e sofferente per una malattia respiratoria, morì in Gran Bretagna all'età di 81 anni, nel 1969, non prima però che la sua orazione con la "lisca" del Dr. Seuss in *Come il Grinch rubò il Natale* (1966) rimanesse un annuale appuntamento televisivo per legioni di bambini e bambine che ancora non sapevano si trattasse della stessa voce del Mostro da cui un giorno avrebbero imparato la compassione e la comprensione di fronte alla paura e all'odio ignorante.

FILMOGRAFIA

The Dumb girl of Portici (1916); *The Lightning Raider* (1919); *His Majestic, the American* (1919); *The Prince and the Betty* (1919); *The Masked raider* (1919); *The deadlier sex* (1920); *The courage of Marge O'Doone* (1920); *L'ultimo dei mohicani* (1920); *Without Benefit of Clergy* (1921); *Cheated Hearts* (1921); *The cave girl* (1921); *The hope Diamond Mystery* (1921); *Nan of the North* (1922); *The man from Downing Street* (1922); *The infedel* (1922); *The Altar Stairs* (1922); *The woman Conquers* (1922); *Omar the Tentmaker* (1922); *The prisoner* (1923); *The gentleman from America* (1923); *The Hillion* (1924); *Riders of the Plains* (1924); *Dynamite Dan* (1924); *Forbidden Cargo* (1925); *The Prairie Wife* (1925); *Lady Robin Hood* (1925); *Perils of the Wild* (1925); *Never the Twain Shall Meet* (1925); *Parisian Nights* (1925); *The Greater Glory* (1926); *The man in the Saddle* (1926); *Her Honor, the Governor* (1926); *The Bells* (1926); *The golden Web* (1926); *Flames* (1926); *The eagle of the sea* (1926); *Come vinsi la guerra* (1926); *The Nickel-Hopper* (1926); *Flaming Fury* (1926); *Old Ironsides* (1926); *Valencia* (1926); *Tarzan and the golden lion* (1927); *Let It Rain* (1927); *The Princess from Hoboken* (1927); *The meddlin' Stranger* (1927); *The phantom buster* (1927); *Soft cushions* (1927); *Two arabian Knights* (1927); *La creola della Luisiana* (1927); *Ancore d'oro* (1928); *Vultures of the sea* (1928); *The Little wild girl* (1928); *Vanishing Rider*

(1928); *Burning the wind* (1929); *The fatal warning* (1929); *The devil's Chaplain* (1929); *Two sisters* (1929); *Anna Against the World* (1929); *The Phantom of the North* (1929); *Behind That Curtain* (1929); *King of the Kongo* (1929); *Lo spettro verde* (1929); *Femmina* (1930); *Il vampire del mare* (1930); *The Utah Kid* (1930); *Mother's Cry* (1930); *Codice penale* (1931); *The Last Parade* (1931); *Kinf of the Wild* (1931); *Dirigible* (1931); *Cracked Nuts* (1931); *Il mio ragazzo* (1931); *Smart Money* (1931); *L'elegante giustiziere* (1931); *Graft* (1931); *I Like Your Nerve* (1931); *Five Star Final* (1931); *Il passaporto giallo* (1931); *The mad genius* (1931); *The giulty generation* (1931); *Frankenstein* (1931); *Tonight or never* (1931); *Sous les verrous* (1931); *Behind the mask* (1932); *Bussines and Pleasure* (1932); *Alias the Doctor* (1932); *The Cohens and Kellys in Hollywood* (1932); *The miracle man* (1932); *Boo* (1932); *Scarface – Lo sfregiato* (1932); *Il castello maledetto* (1932); *La maschera di Fu Manchu* (1932); *La mummia* (1932); *The Ghoul* (1933); *The black cat* (1934); *La pattuglia sperduta* (1934); *La casa dei Rothschild* (1934); *Gift of Gab* (1934); *La moglie di Frankenstein* (1935); *The Raven* (1935); *Hollywood Hobbies* (1935); *I maghi del terrore* (1935); *Il mistero della camera nera* (1935); *L'ombra che cammina* (1936); *Il raggio invisibile* (1936); *The Man Who Changed His Mind* (1936); *L'idolo del male* (1936); *Il pugnale scomparso* (1937); *Cinema Circus* (1937); *La chiave misteriosa* (1937); *West of Shangai* (1937); *La morte invisibile* (1938); *Devil's Island* (1939); *Il figlio di Frankenstein* (1939); *La città cinese* (1939); *L'uomo che non poteva essere impiccato* (1939); *L'usurpatore* (1939); *Vendetta* (1939); *Condannato a morte* (1940); *L'ora fatale* (1940); *British Intellingence* (1940); *Black Friday* (1940); *Uomini dalle nove vite* (1940); *Prima che mi impicchino* (1940); *The Ape* (1940); *You'll Find Out* (1940); *The Devil Commands* (1941); *Information Please No. 8* (1941); *Information Please No. 12* (1941); *Hedda Hopper's Hollywood No. 6* (1942); *The Boogie Man Will Get You* (1942); *La voce magica* (1944); *Al di là del mistero* (1944); *La iena -L'uomo di mezzanotte* (1945); *Il vampiro dell'isola* (1945); *Manicomio* (1946); *Lo sparviero di Londra* (1946); *Dick Tracy e il gas misterioso* (1947); *Gli invincibili* (1947); *Sogni proibiti* (1947); *Lured* (1947); *La quercia dei giganti* (1948); *Cisaruv Slavik* (1948); *Starring Boris Karloff* (1949); *Gianni e Pinotto e l'assassino misterioso* (1949); *Alan, il conte nero* (1951); *Don Chichotte (Serie TV)* (1952); *Colonel March Investigates* (1952); *Il mistero del castello nero* (1952); *Screen Snapshots: Spike Jones in Hollywood* (1953); *Gianni e Pinotto contro il dottor Jekyll* (1953); *Il mostro dell'isola* (1953); *Sabaka il demone del fuoco* (1954); *A Connecticut Yankee* (1955); *L'isola stregata degli zombies* (1957); *Prima dell'anestesia* (1958); *The juggler of Our Lady* (1958); *Frankenstein 70* (1958); *The Veil (Serie TV)* (1958); *Lo strangolatore folle* (1958); *Treasure Island (TV)* (1960); *Thriller (Serie TV)* (1960); *Days of Thrills and Laughter* (1961); *Doctor from Seven Dials* (1962); *The case Paradine*

(TV) (1962); *Out of This World (Serie TV)* (1962); *Il clan del terrore* (1963); *I maghi del terrore* (1963); *I tre volti della paura* (1963); *La vergine di cera* (1963); *The Comedy of Terrors* (1964); *Bikini Beach* (1964); *Ensign Pulver* (1964); *Mondo balordo* (1964); *La morte dall'occhio di cristallo* (1965); *Il castello delle donne maledette* (1966); *The Daydreamer* (1966); *Come il Grinch rubò il Natale (TV)* (1966); *Suspense a Venezia* (1967); *Il killer di Satana* (1967); *Mad Monster Party?* (1967); *Settore tortura* (1968); *Bersagli* (1968); *Destination Nightmare (TV)* (1968); *Jack lo squartatore* (1968); *Isle of the Snake People* (1968); *La ballata della morte* (1968); *Black Horror – Le messe nere* (1968); *Gli adoratori della morte* (1971); *Alien Terror* (1971)

BELA LUGOSI: LA METAMORFOSI DI UN ATTORE

Secondo quanto tramandatoci dalla storia, il giorno della sua morte, il 16 agosto del 1956, Bela Lugosi pronunciò questa frase: «Io sono il conte Dracula, io sono il re dei 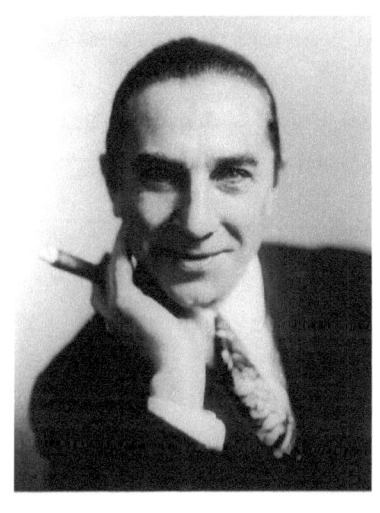 vampiri, io sono immortale» e, subito dopo, l'ultimo visitatore, uscendo dalla stanza dell'ospedale di Los Angeles dove l'attore era stato ricoverato, dichiarò di aver visto un gigantesco pipistrello nero volteggiare attorno al corpo ormai privo di vita, per poi volare via nel cielo ormai sulla via del tramonto. L'attore fu sepolto all'Holy Cross Cemetery di Los Angeles, avvolto nel suo inseparabile mantello nero foderato di rosso, mentre l'amico Peter Lorre, rivolgendosi a Boris Karloff, chiedeva se avrebbero dovuto piantargli un paletto nel cuore. Una leggenda che ha contribuito a fare della figura dell'attore ungherese, una sorta di simbolo del male, la personificazione stessa della figura del cattivo al cinema.

Bela Lugosi, al secolo Bela Blasko, nacque a Lugos il 29 ottobre del 1882; a vent'anni debuttò in teatro con la compagnia Pestri-Ihasz Lajos, segnalandosi per la straordinaria capacità di vivisezionare psicologicamente il suo personaggio (in quel caso un servo), grazie soprattutto a una recitazione che dell'immedesimazione faceva il suo punto forte. Quando, qualche anno più tardi, la compagnia si sciolse, Bela trovò posto in quella di Polgar Karoly, in cui rimase per quattro anni; dal 1912, entrò a far parte del teatro nazionale Ungherese, per il quale vestì i panni di Romeo, Amleto, Macbeth, Manfred, Guglielmo Tell in varie rappresentazioni di successo. Quando, però, al sopraggiungere dell'estate, sui palcoscenici di Budapest le tragedie lasciarono spazio alle commedie, Bela trovò difficoltà ad adattarsi: «Perdere la propria individuale cadenza interna a vantaggio del ritmo collettivo, questo significa spesso la commedia... e questo davvero non mi riusciva».

Dopo molti anni di gavetta teatrale, alla vigilia della Prima Guerra Mondiale, arrivò il debutto cinematografico che lo vide interpretare, sotto lo pseudonimo di Arisztid Olt, alcuni film prodotti dalla compagnia cinematografica "Star's Phoenix", sempre nel ruolo di antagonista. La sua carriera fu, però, interrotta dallo scoppio della guerra, che lo costrinse a sospendere la sua attività e a partire per la Germania dove, accompagnato dal suo inseparabile frac e da una borsetta nera, visse uno dei periodi più duri e difficili della sua vita. Oltre, infatti, alle grosse difficoltà di trovare una stanza dove dormire, Lugosi si sentì sempre un pesce fuor d'acqua lontano dalla sua Ungheria, ma per sua fortuna ancora una volta fu il cinema a venirgli in soccorso e alla fine degli anni '10 fu chiamato per la primissima versione cinematografica muta del celebre racconto di Robert Louis Stevenson *Lo strano caso del dottor Jekyll e* 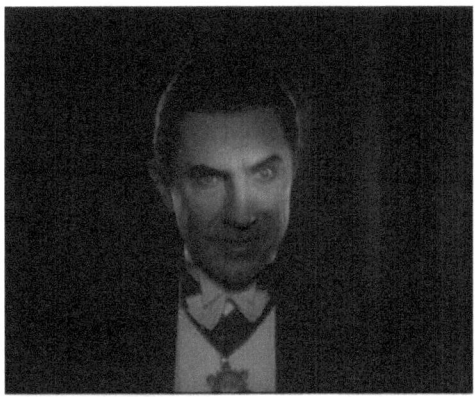 *mister Hyde*, realizzata dal regista Friedrich Wilhelm Murnau. La bella interpretazione sembrò lanciarlo nuovamente e a quel film ne seguirono altri, tra cui una versione di *L'ultimo dei mohicani* girata proprio nello stesso anno in cui un altro storico cattivo del cinema, Boris Karloff, debuttava a Hollywood con una riduzione dello stesso romanzo.

Alla fine della Prima Guerra Mondiale, Lugosi si spostò in Italia, a Trieste, dove senza denaro e sprovvisto di passaporto, si imbarcò per gli Stati Uniti alla ricerca del successo. Sbarcò in America alla fine del 1921, decidendo di assumere lo pseudonimo di Bela Lugosi, derivazione evidente del nome della sua città natale. Dopo un breve girovagare, l'attore giunse a Los Angeles sul finire del 1923, proprio in concomitanza con lo straordinario boom del cinema, che in quello stesso anno divenne la seconda industria dopo quella dell'automobile. Da Los Angeles si spostò a Hollywood e qui sembrò stabilirsi definitivamente, comprando anche una casa descritta come «lussuosamente gotica, posta su un precipizio e arredata interamente di lance, mazze di ferro e ossa umane mentre dai soffitti pendevano, nella loro caratteristica posizione di riposo, alcuni pipistrelli».

Non appena a Hollywood, Bela Lugosi si iscrisse al Central Casting Office, ma in attesa della prima chiamata, tornò a dedicarsi alla sua prima passione: il teatro. Tra il 1927 ed il 1931, infatti, tornò protagonista in ruoli sempre "vampireschi", grazie ai quali riuscì a smussare la sua recitazione a tratti troppo lenta e macchinosa, adattandola alle esigenze del pubblico americano, allora attratto da una recitazione eccessiva, esagerata fatta soprattutto di mimica facciale. Lugosi cominciò così a entrare nei cuori e negli animi degli spettatori, fino al fatidico anno 1931, quando la casa di produzione Universal decise di investire 400.000 dollari nella realizzazione della versione cinematografica del *Dracula* di Bram Stoker. Dopo averlo interpretato con grande successo a Broadway, Bela fu tra gli aspiranti Dracula, in mezzo a vari divi del momento, come John Griffith, Conrad Veidt e William Leonard Courtney, ma ciò che fece in più rispetto agli altri contendenti, fu stabilire una fitta corrispondenza con la vedova di Stoker, cercando di ottenere uno sconto sui 200.000 dollari che la donna pretendeva dalla Universal per cedere i diritti. L'operazione andò in porto e anche grazie alla riconoscenza dei produttori, Lugosi ottenne la parte, entrando di prepotenza nella storia del cinema.

Diretto da Tod Browning, *Dracula* rappresentò 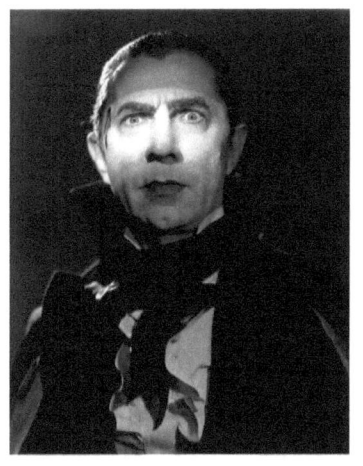 storicamente il vero spartiacque tra cinema muto e sonoro: ispirato da un lato all'espressionismo tedesco (si veda soprattutto la tecnica della macchina da presa mobile che porta lo spettatore "dentro" la storia coinvolgendolo emotivamente) e legato ancora al cinema muto grazie a lunghe sequenze "silenziose", in cui la figura del vampiro domina in lungo e largo la scena (ricordiamo che Browning aveva raggiunto il successo proprio grazie a film muti), dall'altro fu il primo film distribuito sia muto che sonoro e girato in due lingue (inglese e spagnolo) per soddisfare anche il pubblico latino-americano.

Con l'interpretazione del tenebroso conte Dracula di Bela Lugosi, l'aspetto del vampiro cinematografico subì un profondo cambiamento: dallo "squallido" e anonimo vampiro di Murnau (*Nosferatu – Il Vampiro* del 1922), che si rifaceva letteralmente alla descrizione di Bram Stoker «nero dalla testa ai piedi, senza un solo cenno di colore in tutta la persona», si passò a un personaggio più curato, quasi vanitoso: frac, camicia candida dai bottoncini di madreperla, fazzoletto che spunta bianco e delicato dal taschino e papillon stretto attorno al collo. Questa profonda trasformazione fu merito dell'attore ungherese che, spinto forse dalla volontà di fare di Dracula un personaggio quasi metafisico, superiore agli uomini mortali, o più probabilmente da un più semplice sentimento di vanità - messo a frutto anche nel carteggio con la vedova Stoker - riuscì a dare vita a uno dei personaggi più ricordati e imitati della storia del cinema, mettendo inoltre in evidenza due particolari fino ad allora del tutto trascurati: le scarpe e la capigliatura. Le scarpe, su cui le macchine da presa indugiano soprattutto nei momenti in cui il conte si corica nella sua bara, brillano minacciose nella loro straordinaria bellezza e lucentezza, mentre i capelli sempre perfetti, quasi fossero una parrucca, scintillano di quel barlume minaccioso e cupo che fa del personaggio di Lugosi uno dei Dracula più spaventosi della storia del cinema.

Dopo il grandissimo successo di *Dracula*, che sembrò permettere a Bela Lugosi di entrare di diritto nell'Olimpo del cinema, arrivò il periodo oscuro della guerra che lo costrinse a interrompere momentaneamente la sua produzione, per dedicarsi alla diffusione della cultura magiara negli Stati Uniti. In collaborazione con l'associazione Hungarian Anti-Fascist Committee, Lugosi organizzò vari spettacoli i cui proventi furono destinati a sostenere la resistenza in Europa e a soccorrere le vittime del nazismo. Tra queste iniziative, non ne mancarono alcune dove Lugosi tornò a vestire i panni del vampiro più famoso del cinema: *Il ritorno del vampiro*, spettacolo ambientato in una Londra distrutta dalla guerra, ne fu un esempio.

Ormai lanciatissimo come cattivo del cinema, Lugosi si trovò ben presto "imprigionato" nel personaggio di Dracula o comunque di antagonista. Tutti, infatti, dai registi ai produttori, vedevano in lui esclusivamente un personaggio negativo e spaventoso. Nel novanta per cento della sua produzione, l'attore ungherese ricoprì ruoli da 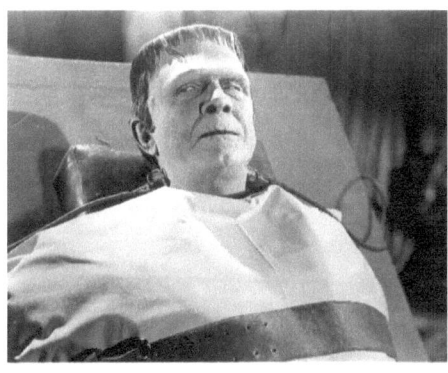 cattivo, a partire da *Il dottor Miracolo* (1932) dove fu uno scienziato pazzo distrutto dal suo stesso esperimento, fino a *Il figlio di Frankenstein* (1939) e *Il Terrore di Frankenstein* in cui fu Igor, servo della Creatura, passando per *L'uomo lupo* (1941), dove interpretò uno zingaro licantropo, e a *Frankenstein contro l'uomo lupo* (1943) in cui vestì i panni della Creatura stessa; tutti film in cui Lugosi alternò parti da mostro o da pazzo e dove, grazie alla sua recitazione eccessiva, tendente fin troppo al realismo, i suoi personaggi si trasformarono in esseri viventi, primo fra tutti lo stesso conte Dracula. Il personaggio che più di ogni altro gli aveva regalato la notorietà, per lui era ormai diventato reale più di ogni altra cosa, forse anche della sua stessa vita, e ogni film o spettacolo in cui lui doveva indossarne i panni, si trasformava da finzione in realtà. Una realtà che Lugosi cercava in tutti i modi di far apparire tale anche agli spettatori, come lui stesso disse in un'intervista: «Non puoi essere credibile se, recitando una parte in un film dell'orrore, te la ridi sotto i baffi... se non sei serio la gente lo capisce. Non importa quanto la parte sia drammatica o ridicola: tu ci devi credere». Una frase che spiega in maniera molto chiara come Lugosi intendesse il cinema e soprattutto il vampiro: non finzione, non un semplice film, ma realtà, fatti veri, personaggi che da tali si sarebbero dovuti trasformare in esseri viventi.

FILMOGRAFIA

The masked ball (1917); *The royal life* (1917); *The leopard* (1917); *The wedding song* (1917); *Spring tempest* (1917); *The colonel* (1917); *Casanova* (1918); *Lulu* (1918); *Kilencvenkilenc (99)* (1918); *Slave of a Foreign Will* (1919); *Nat Pinkerton* (1920); *The curse of man* (1920); *The Head of Janus: A Tragedy of the Border of Reality* (1920); *The woman in the dolphin* (1920); *The caravan of death* (1920); *La testa di giano* (1920); *Leatherstocking* (1920); *The Devil Worshippers* (1920); *John Hopkins III* (1920); *The dance of the Volcano* (1921); *The silent command* (1921); *The rejected woman* (1924); *The midnight girl* (1925); *Daughters Who Pay* (1925); *How to Handle Women* (1928); *The veiled woman* (1929); *Prisoners* (1929); *The Thirteenth Chair* (1929); *The last performance* (1929); *Such Men Are* (1930); *Dangerous* (1930); *La seduzione del peccato* (1930); *La spia* (1930); *Valzer viennese* (1930); *L'amante di mezzanotte* (1930); *Il re del jazz (1930); Dracula* (1931); *Fifty Million Frenchmen* (1931); *Sempre rivali* (1931); *Il cammello nero* (1931); *Broadminded* (1931); *Il dottor Miracolo* (1932); *L'isola degli zombies* (1932); *Chandu, The Magician* (1932); *Il bacio mortale* (1933); *Island of Lost Souls* (1933); *Wispering shadow* (1933); *International house* (1933); *Night of terror* (1933); *Orizzonti di fuoco* (1933); *The black cat* (1934); *Gift of Gab* (1934); *The return of Chambu* (1934); *La morte azzurra* (1935);

The mysterious Mr. Wong (1935); *I vampiri di Praga* (1935); *The raven* (1935); *The phantom ship* (1935); *Un dramma per televisione* (1935); *Il raggio invisibile* (1936); *Shadow of Chinatown* (1936); *Postal Inspector* (1936); *S.O.S. Coastboard* (1937); *Il figlio di Frankenstein* (1939); *The gorilla* (1939); *The phantom Creeps* (1939); *Ninotchka* (1939); *Occhi neri di Londra* (1939); *The Saint's Double Trouble* (1940); *Human Monster* (1940); *Black friday* (1940); *You'll Find Out* (1940); *Notti di terrore* (1940); *L'uomo lupo* (1941); *The invisible ghost* (1941); *Spooks Run Wild* (1941); *Black dragons* (1942); *Il terrore di Frankenstein* (1942); *Il corpo scomparso* (1942); *Night Monster* (1942); *A mezzanotte corre il terrore* (1942); *Frankenstein contro l'uomo lupo* (1943); *L'uomo scimmia* (1943); *Spettri all'arrembaggio* (1943); *Il ritorno del vampiro* (1944); *Voodoo man* (1944); *Return of the Ape man* (1944); *One body too Many* (1944); *La iena –L'uomo di mezzanotte* (1945); *Zombies on Broadway* (1945); *Genius at work* (1946); *Scared to Death* (1947); *Il cervello di Frankenstein* (1948); *Old Mother Riley Meets the Vampire* (1952); *Bela Lugosi Meets a Brooklyn Gorilla* (1952); *Due vite in una* (1953); *La sposa del mostro* (1955); *Il sonno nero del dottor Satana* (1956); *Plan 9 from Outer Space* (1959)

LON CHANEY Jr.: IL CATTIVO "MALEDETTO"

Lon Chaney Jr., al secolo Creighton Tull Chaney, nacque il 10 febbraio 1906 a Oklahoma City. Figlio della star del cinema muto Lon Chaney e di Francis Cleveland Creighton, detta Cleva, Creighton venne al mondo prematuro e apparentemente morto in un

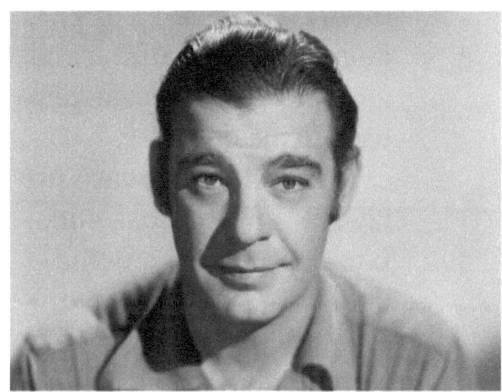 freddo giorno d'inverno. Dopo ripetuti tentativi del medico di resuscitare il neonato, Lon afferrò suo figlio, corse fuori e lo immerse nell'acqua

ghiacciata del Lago Belle Isle, rianimandolo, per poi ricavare un'incubatrice da una scatola di scarpe foderata con del cotone e con dei buchi per l'aria.

Fin da bambino e fino all'adolescenza, Lon Chaney Jr. viaggiò molto con i suoi genitori impegnati spesso in spettacoli di vaudeville che a volte, però, finivano per interrompersi prima del previsto, lasciando per strada la famiglia in varie parti dell'America e del Canada. In perenne viaggio da una parte all'altra del Paese, a volte Lon Jr. si fermava dalla nonna Matilda Creighton in Oklahoma o dai suoi nonni sordi Frank e

Emma Chaney a Colorado Springs, grazie ai quali imparò il linguaggio dei segni.

Il matrimonio dei suoi genitori fu scosso spesso da profondi contrasti dovuti soprattutto a una feroce gelosia, fino al punto che Cleva tentò il suicidio il 30 aprile 1913, mentre Lon stava lavorando al Majestic

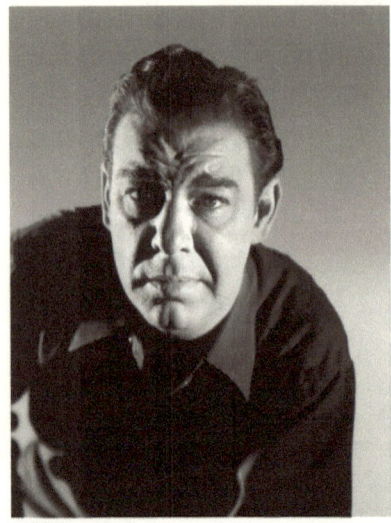

Theater di Los Angeles. Poco tempo dopo, la coppia si separò, per poi divorziare nel 1915, decidendo di affidare il giovane Creighton a una casa di accoglienza.

Incapace di trovare un lavoro sul palcoscenico, Lon Sr. tornò al cinema e dal 1913 lavorò stabilmente alla Universal Film Manifacturing Company per assicurarsi un reddito fisso e una casa stabile per il figlio. Nel 1915 si risposò con Hazel Hastings, una ballerina conosciuta in una popolare compagnia di spettacolo del tempo, che anni prima lo aveva aiutato a prendersi cura del piccolo Creighton mentre lui si esibiva in teatro. Affidato alla nuova famiglia, il ragazzo frequentò la scuola elementare Los Feliz a Hollywood e alla settima classe vinse una gara di pantomima interpretando la parte del principe in *La principessa sul pisello*. Fu un importante riconoscimento che anticipò in un certo senso la grande scalata del padre, che da semplice attore di vaudeville, nel 1928, divenne star del box office.

Nell'arco di vent'anni la vita della famiglia Chaney cambiò completamente, dalla lotta contro la fame e il freddo, alla ricchezza, al successo e alla fama. Tuttavia Lon Sr. cercò di dissuadere Creighton dallo scegliere la vita dello spettacolo, preferendo che si dedicasse a un'occupazione più stabile. Lui infatti lavorò prima come strillone, poi come macellaio, gelataio, commesso e infine modello e idraulico.

Nel 1926, Creighton sposò Dorothy Hinckley dalla quale ebbe due figli, Lon Ralph Chaney, che nacque il 3 luglio del 1928, e Ronald Creighton Chaney, nato il 18 marzo 1930; iniziò a lavorare per suo suocero alla General Water Heater Co. e alla fine divenne segretario della ditta. Nel 1930 suo padre si ammalò gravemente e il 26 agosto dello stesso anno morì. Dopo la sua morte, l'inconscio desiderio di Creighton di recitare ebbe la meglio e soltanto un anno dopo fu chiamato da un *casting director* di nome Rex Bailey che gli offrì un contratto a lungo termine con l'unica condizione di adottare il nome di Lon Chaney Jr.. Creighton rifiutò, poiché voleva «imparare il mestiere e vedere di cosa era capace da solo e non come figlio di un grande attore», e perché «c'è stato un solo Lon Chaney». Continuò a tener duro per qualche tempo, senza firmare con altri studios che gli facevano la stessa richiesta, e alla fine riuscì a essere scritturato dalla RKO Pictures nel marzo del 1932 come Creighton Chaney. Il debutto sul grande schermo avvenne come comparsa in *Girl Crazy* e per alcuni anni imparò a sviluppare le sue doti prendendo lezioni di recitazione e continuando a fare piccole parti sotto diversi nomi. Nel 1935, la continua insistenza degli studios lo convinse a cambiare il nome in Lon Chaney Jr. sottolineando, però, che per tre anni aveva cercato di fare tante cose senza

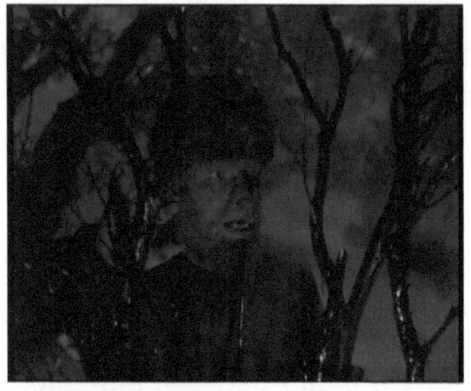

sfruttare il nome di suo padre: «Se io avessi solo me stesso a cui pensare avrei combattuto fino alla fine, ma ogni anno divento più vecchio e non penso sia giusto far soffrire la mia famiglia solo perché io possa lottare per un principio».

Nel 1936-37, conobbe una giovane attrice e modella, Patricia Beck, e si innamorò di lei, ponendo fine a dieci anni di matrimonio con Dorothy Chaney. Lon e Patsy si sposarono il 1 ottobre 1937 in una cerimonia privata e rimasero insieme fino alla sua morte. In quello stesso anno firmò un contratto con la Fox Studios e nei successivi tre anni fu impegnato a lavorare in oltre trenta film. La svolta della sua carriera avvenne nel 1939, quando superò un'audizione ottenendo la parte di Lennie in *Of Mice and Men* di John Steinbeck per la West Coast Production. La sua interpretazione sul palcoscenico di Broadway fu così convincente da assicurargli il ruolo anche nella versione cinematografica, prodotta e diretta da Lewis Milestone, che gli fece vincere il New York's Critics Choice Award. Dopo questa pellicola, interpretò il protagonista di un altro film della Hal Roach Production, intitolato *One Million B.C.*: successi che spinsero gli Universal Studios a proporgli un contratto nel 1941, grazie al quale l'attore girò il suo primo film come mostro, *Man Made Monster,* insieme ad alcuni western e una commedia.

Alla fine del 1941 arrivò l'occasione della vita con *L'uomo lupo,* film di incredibile successo che racconta le vicende di Larry Talbot, un uomo che dopo un lungo periodo passato in America, ritorna nel castello di suo padre (Claude Rains) nel Galles, dove incontra una bellissima donna, Gwen Conliffe (Evelyn Ankers). Una notte, Talbot accompagna Gwen e la sua amica Jenny a una festa di carnevale e qui si imbatte in un misterioso zingaro indovino (Bela Lugosi). Improvvisamente, Larry sente delle urla strazianti provenire dal bosco vicino e quando accorre, vede il cadavere di Jenny straziato da un lupo. Larry riesce a uccidere l'animale con il suo bastone dal pomo d'argento, ma viene morso, senza sapere che quel morso segnerà per sempre il suo destino.

L'uomo lupo è una pietra miliare del cinema horror di quegli anni, secondo soltanto ad altri miti come *Dracula* o *Frankenstein*; il suo punto di forza è la suggestiva e inquietante atmosfera, merito della splendida fotografia di Joseph Valentine, che rende densa, quasi palpabile, la nebbia che pervade il bosco e accompagna il vagare smarrito e istintivo di questa mostruosa creatura. Grazie soprattutto al grande lavoro di make-up di Jack Pierce, lo stesso che aveva truccato Boris Karloff in *Frankenstein,* il licantropo interpretato da Lon Chaney Jr. è una figura

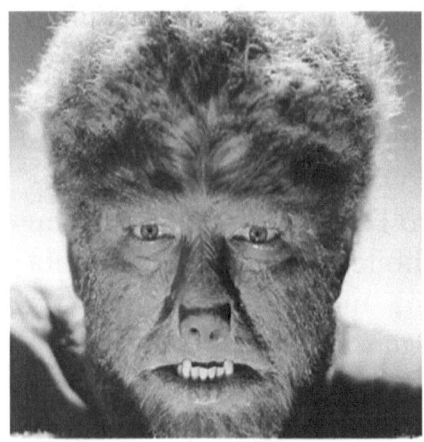

mostruosa, quasi rivoltante, ma nello stesso tempo patetica e maledetta, poiché non può sfuggire al suo destino. I suoi movimenti, le sue azioni, ma soprattutto le sue espressioni ci fanno capire come lui stesso sembri rendersi

conto di quanto gli sta succedendo e proprio in quel suo muoversi a scatti, curvo su se stesso, sembra lasciarci intendere che il lato animalesco che è presente in tutti noi, potrebbe da un momento all'altro prendere il sopravvento, costringendoci ad agire come non vorremmo mai.

Più volte è stato sollevato il dubbio che la figura del licantropo avrebbe una dimensione poco consona rispetto agli altri mostri della tradizione letteraria e filmografica, ma ciò è facilmente spiegabile perché l'uomo lupo non è diventato mostro per sua scelta, come è avvenuto per esempio con *Dracula*: la sua è una condizione che lo schiaccia, che non gli offre via d'uscita, quasi da tragedia greca. A dimostrazione di questo, è giusto citare le parole della zingara Maleva (madre del licantropo che ha ucciso Jenny e morso

Larry): «La strada che hai percorso era spinosa... anche se non per colpa tua... ma come la pioggia penetra nella terra, e come il fiume sfocia nel mare, così le nostre lacrime scorrono per una fine predestinata...». La condizione di licantropia è, quindi, vista quasi come una malattia, come conferma nel film Sir John Talbot: «La licantropia è una forma di schizofrenia... vuol dire una cosa molto semplice: che nell'uomo sono presenti il male e il bene... e il male è rappresentato dal lupo».

Il film ebbe così tanto successo che Lon Chaney Jr. fu chiamato a interpretare l'uomo lupo altre quattro volte per la Universal: in *Frankenstein contro l'uomo lupo* (1943), *House of Frankenstein* (1944), *La casa degli orrori* (1945), e *Gianni e Pinotto contro Frankenstein* (1948).

Quando il suo contratto con la Universal finì, Lon Chaney Jr. continuò a lavorare come attore indipendente: girò più di 150 film e apparve in televisione per 60 volte. Tornò anche sul palcoscenico teatrale, interpretando Harry Brock in *Nata ieri* di Garson Kanin a New York e viaggiando in uno spettacolo itinerante tra il 1948 e il '49 dove interpretò di nuovo Lennie in varie produzioni teatrali di *Of Mice and Men* in California, New Mexico e Canada. A partire dagli anni '50 fino ai primi anni '60, il suo lavoro nei classici film dell'orrore della Universal degli anni '40 fu riscoperto dalle nuove generazioni, attraverso spettacoli in seconda serata e un periodico chiamato "Famous Monsters of

Filmland", pubblicato da James Warren, scritto e edito da Forrest J. Ackerman.

I suoi personaggi sono stati mantenuti in vita grazie ai film, alla televisione, ai libri, alle riviste, ai giocattoli, ai video e ai suoi fans. Molti nuovi artisti, compresi attuali registi, produttori e attori continuano a ispirarsi e a lasciarsi influenzare dal suo lavoro. Lon Chaney Jr. morì il 12 luglio 1973 a San Clemente in California per un attacco di cuore, dopo molti anni vissuti in cattive condizioni di salute. Il suo corpo fu donato all'USC per delle ricerche con la speranza che potesse aiutare altre persone.

FILMOGRAFIA

The Trap (1922); *The Galloping Ghost* (1931); *Luana la vergine sacra* (1932); *Girl crazy* (1932); *The Roadhouse Murder* (1932); *The last frontier* (1932); *The Most Dangerous Game* (1932); *The Black Ghost* (1932); *Gli arditi del cinema* (1933); *Scarlet River* (1933); *Eroi senza patria* (1933); *Son of the border* (1933); *Pescatori di spugne* (1934); *La donna nell'ombra* (1934); *Girl o' My Dreams* (1934); *The marriage Bargain* (1935); *Captain Hurricane* (1935); *Hold 'Em Yale* (1935); *Accent on Youth* (1935); *The shadow of Silk Lennox* (1935); *A Scream in the Night* (1935); *Singing Cowboy* (1936); *Undersea Kingdom* (1936); *Rose Bowl* (1936); *The Old Corral* (1936); *Killer at Large* (1936); *Ace Drummond* (1936); *Cheyenne Rides Again* (1936); *L'amore è novità* (1937); *Midnight Taxi* (1937); *Secret Agent X-9* (1937); *That I May Live* (1937); *Sigillo segreto* (1937); *Born Reckless* (1937); *Wilnd and Woolly* (1937); *Scandalo al grand hotel* (1937); *Il mercante di schiavi* (1937); *La gelosia non è di moda* (1937); *Charlie Chan a Broadway* (1937); *Mia moglie cerca marito* (1937); *Checkers* (1937); *One Mile from heaven* (1937); *Una ragazza allarmante* (1937); *Life Begins in college* (1937); *The Lady Escapes* (1937); *City Girl* (1937); *Angel's Holiday* (1937); *Stella del nord* (1938); *Sally, Irene and Mary* (1938); *Il guanto avvelenato* (1938); *Speed to Burn* (1938); *La grande strada bianca* (1938); *Josette* (1938); *Pattuglia sottomarina* (1938); *Walking Down Broadway* (1938); *Straight, Place and Show* (1938); *Road Demon* (1938); *Passport Husband* (1938); *Jess il bandito* (1939); *La via dei giganti* (1939); *Gli indomabili* (1939); *Charlie Chan in City in Darkeness* (1939); *Uomini e topi* (1939); *Sul sentiero dei mostri* (1940); *Giubbe Rosse* (1940); *Man Made Monster* (1941); *Too Many Blondes* (1941); *Terra selvaggia* (1941); *San Antonio Rose* (1941); *Riders of Death Valley* (1941); *Odio di sangue* (1941); *L'uomo lupo* (1941); *North to the Klondike* (1942); *Il terrore di Frankenstein* (1942); *Sherlock Holmes e la voce del terrore* (1942); *Overland Mail* (1942); *The Mummy's Tomb* (1942); *Keeping Fit* (1942); *Eyes of the Underworld* (1943); *Frankenstein contro l'uomo lupo* (1943); *What We Are Fighting for* (1943); *I rinnegati della frontiera* (1943); *Crazy House* (1943); *Il figlio di Dracula* (1943); *Calling Dr. Death* (1943); *Weird Woman* (1944); *La nave della morte* (1944); *Il cobra* (1944); *Caccia al fantasma* (1944); *The mummy's ghost* (1944); *Dean Man's Eyes* (1944); *Al di là del mistero* (1944); *The Mummy's Curse* (1944); *Gianni e Pinotto fra le educande* (1945); *The Frozen Ghost* (1945); *Strange Confession* (1945); *The Daltons Ride Again* (1945); *La casa degli orrori* (1945); *Pillow of Death* (1945); *Desert Command* (1946); *La mia brunetta preferita* (1947); *Laguna U.S.A* (1947); *Il solitario del Texas* (1948); *Il cervello di Frankenstein* (1948); *The Counterfeiters* (1948); *16 Fathoms Deep* (1948); *There's Girl in My Heart* (1949); *Capitan Cina* (1949); *Lo sfruttatore* (1950); *L'avamposto degli uomini perduti* (1951); *Tales of*

Tomorrow (Serie TV) (1951); *Il cane della sposa* (1951); *Jeff lo sceicco ribelle* (1951); *Tutto per tutto* (1951); *Bride of the gorilla* (1951); *La jena del Missouri* (1952); *Eroi di mille leggende* (1952); *Mezzogiorno di fuoco* (1952); *La maschera di fango* (1952); *Lo sparviero di Fort Niagara* (1952); *Il mistero del castello nero* (1952); *I pirati dei sette mari* (1953); *Un leone per la strada* (1953); *Bandit Island* (1953); *Il tesoro del Rio delle Amazzoni* (1954); *La grande notte di Casanova* (1954); *Big Chase* (1954); *Il cavaliere implacabile* (1954); *Lo sceriffo senza pistola* (1954); *Il pirata nero* (1954); *Un pugno di criminali* (1955); *Nessuno resta solo* (1955); *Tutto finì alle sei* (1955); *Sfida a Green Valley* (1955); *Il cacciatore di indiani* (1955); *Il tesoro dei corsari* (1956); *L'uomo che uccise il suo cadavere* (1956); *Il sonno nero del dottor Satana* (1956); *Mezzogiorno... di fifa* (1956); *La lunga valle verde* (1956); *La parete di fango* (1958); *Testamento di sangue* (1958); *Uomini coccodrillo* (1959); *Border Patrol* (TV) (1959); *Adventures in Paradise* (TV) (1959); *Ricercato vivo o morto* (TV) (1959); *Johnny Ringo* (TV) (1960); *La casa del terror* (1960); *Lock Up* (TV) (1960); *Bat Masterson* (TV) (1960); *Carovana* (TV) (1961); *La valle dell'oro* (TV) (1961*); I racconti del West* (TV) (1961); *The Deputy* (TV) (1961); *Carovane verso il west* (TV) (1961); *Rebellion in Cuba* (TV) (1961); *Surfside 6* (TV) (1961); *The Phantom* (TV) (1961); *La messaggera del diavolo* (1961); *The Rifleman* (TV) (1962); *Lawman* (TV) (1962); *Gli uomini della prateria* (TV) (1963); *Have Gun - Will Travel* (TV)

(1963); *Empire* (TV) (1963); *La città dei mostri* (1963); *Route 66* (TV) (1963); *La legge dei fuorilegge* (1964); *Witchcraft* (1964); *Duello a Thunder Rock* (1964); *Face of the Screaming Werewolf* (1964); *I lupi del Texas* (1965); *Lo sperone nero* (1965); *La città senza legge* (1965); *La vendetta degli Apache* (1965); *House of the Black Death* (1965); *Johnny Reno* (1966); *I Monkees* (TV) (1966); *La galleria degli orrori (1966); Pistol'n' Petticoats* (TV) (1966); *Tempo di terrore (1967); Hillbillys in a Haunted House* (1967); *Spider baby* (1967); *Buckskin* (1968); *All'inferno quel bastardo di Jonny Scorpio* (1968); *A Stranger in Town* (1969); *Sesso in faccia* (1971); *Dracula contro Frankenstein* (1971)

JAMES CAGNEY: IL BALLERINO DIVENUTO GANGSTER

James Cagney nacque il 17 luglio del 1899 nel Lower East Side di New York City, figlio di James Francis Cagney e di Carolyn Nelson. Il giovane James crebbe nella multiculturale Yorkville, vicino New York, e già a quattordici anni iniziò a lavorare per aiutare la madre, tre fratelli e una sorella. Si diplomò alla Stuyvesant High School e frequentò la Columbia University per un anno, fino alla morte del padre, nel 1918. In quello stesso periodo arrivò anche il debutto, all'età di 19 anni, in teatro; un'esperienza che nel 1920 lo portò a ricoprire il ruolo principale nello spettacolo di Broadway *Pitter Patter*. Nel 1922 sposò una ballerina, Frances Willard "Billie" Vernon, e in quello stesso anno, la coppia si trasferì a Hollywood, ma nessuno dei due riuscì a trovare lavoro; così, rientrati a New York, tornarono al vaudeville, e Cagney guadagnò l'attenzione della critica per alcuni ruoli teatrali da ballerino. A partire dal 1929, interpretò otto ruoli principali in spettacoli di Broadway e riportò sul grande schermo il personaggio che aveva avuto nel musical teatrale *Penny Arcade* nel film della Warner Bros *Sinner's Holiday* (1930), che segnò il suo debutto nel cinema e lo lanciò in breve tempo tra le star della Warner Bros. Fu, infatti, la famosa casa di produzione che lo lanciò nel cinema noir: nel 1931 interpretò l'arrogante gangster irlandese Tom Powers in *Nemico pubblico*, e poi un ruolo analogo in *Smart Money*. Ma la versatilità del newyorkese, che aveva iniziato la sua carriera teatrale come ballerino, andò molto oltre, e così ecco Cagney misurarsi anche con la commedia nel film *Blonde Crazy* (1931).

Nonostante il precoce successo alla Warner Bros., Cagney fu una delle prime star del cinema sonoro a 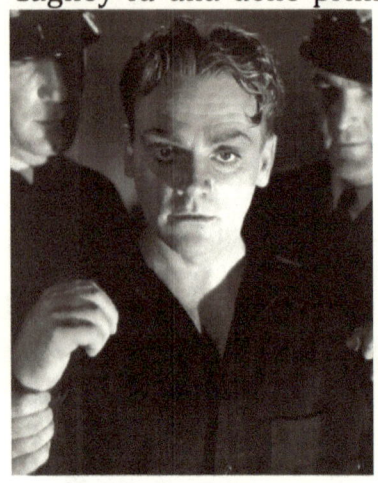 cercare l'indipendenza dal ristretto ambiente degli studios di Hollywood; così, nel 1931, si ribellò, trascorrendo sei mesi a New York, mentre si rinegoziava il suo contratto. Un gesto inusuale e coraggioso, che fu premiato dal successo ed ebbe come conseguenza il raddoppio del suo stipendio. Tornato a Hollywood, fu il protagonista di una serie di film popolari prodotti in rapida successione (diciannove in quattro anni), tra cui *Taxi!* e *Winner Take All* (entrambi del 1932), in cui ricopriva sempre il ruolo del duro da strada; nel 1933 recitò in *Hard to Handle* e *Lady Killer*, in cui è ancora una volta un gangster (Dan Quigley), e *Jimmy il gentiluomo* (1934) in cui interpreta Jimmy Corrigan, «l'uomo con l'ottica di un verme»[13], che vive rintracciando eredi senza farsi scrupoli se questi siano veri o falsi.

Nel 1935 Cagney decise di interrompere il contratto con la Warner Bros. per dedicarsi a una nuova compagnia di film indipendenti, ma dopo appena tre anni tornò alla casa madre e riprese a girare pellicole come *Boy Meets Girl* e *Gli angeli con la faccia sporca* (entrambe del 1938), per cui ricevette la sua prima nomination agli Oscar come miglior attore. Nonostante la statura sotto la media e i lineamenti poco attraenti, Cagney fu dinamico sul palcoscenico come sullo schermo, trasudando una incontenibile energia e una fiducia in se stesso che lo resero la personificazione cinematografica del classico uomo della strada, duro e sveglio. Il suo personaggio di gangster creò la nuova immagine dell'arrogante eroe cattolico irlandese-americano, specialmente in *I fucilieri delle Argonne* (1940) e in *Captain of the Clouds* (1942), ma gli procurò anche qualche problema con alcuni irlandesi americani che videro in quei ruoli da teppista un pericoloso stereotipo.

Dopo aver girato sessantadue film, nel 1961 James Cagney si ritirò a fare il gentiluomo di campagna a Dutchess County, New York, dove allevò cavalli e bestiame, divenendo anche un pittore di talento, finché la morte non lo raggiunse il 30 marzo del 1986; non prima però di aver partecipato, a ottantadue anni, all'epico e acclamato dalla critica *Ragtime* (1981). La sua perfetta fusione di recitazione, canto e ballo, raramente si è vista sul grande schermo e Cagney fu il primo attore a ricevere il premio alla carriera dall'American Film Institute nel 1974.

Nonostante il tentativo di dimostrare il suo talento in altri generi cinematografici, che lo portò a scegliere di non interpretare ruoli da *bad boy* per dieci anni, James Cagney fu costretto a tornare al suo vecchio amore nel 1949 con il film *La furia umana*, in cui l'attore, al culmine della maturità, ci offrì 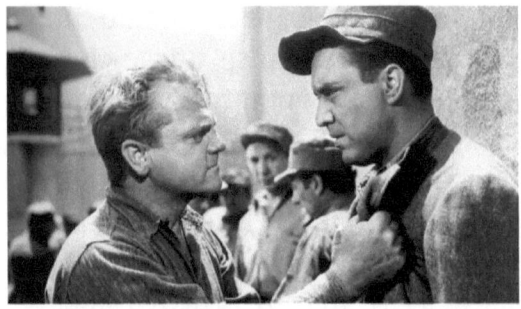 l'affascinante e ipnotico ritratto di un killer schiavo della madre, epilettico e psicopatico: Coddy Jarret. Ispirato alle vicende reali del gangster Arthur "Doc" Baker e di sua madre Ma' e sceneggiato da Ivan Goff e Ben Roberts, *La furia umana* rappresentò il canto del cigno del genere noir, una sorta di omaggio a un genere che per Cagney fu sinonimo di successo e ricchezza, ma che rappresentò soprattutto la sua consacrazione definitiva come *bad boy* della storia del cinema. Coddy Jarret è un arrogante e pervertito gangster dalle molteplici personalità, afflitto dal complesso di Edipo. Con questo gangster, James Cagney ci regala una delle sue più energiche interpretazioni, ampliando gli archetipi del mafioso di cui lo stesso attore era stato pioniere negli anni '30: Jarret non è soltanto un criminale violento e cinico, ma anche e soprattutto un uomo che nasconde dietro la violenza «[...] inquietanti fobie nonché una folle ambizione – quella di arrivare in cima al mondo - che, nel leggendario finale, troverà una sua beffarda realizzazione. [...]»[14]. Non a caso, infatti, le scene più importanti del film sono legate al rapporto del gangster con la madre: prima lo vediamo tra le sue

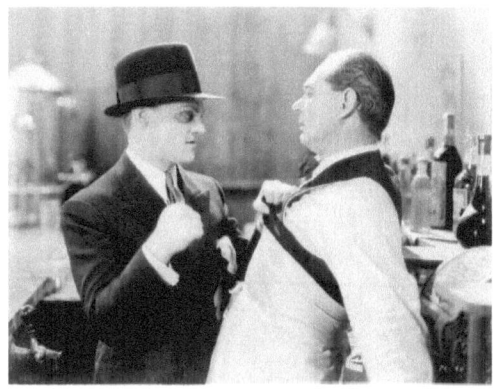

braccia in preda a violenti attacchi di emicrania; poi lo vediamo impazzire nel momento in cui viene a conoscenza della sua morte, trasformandosi nella furia umana che dà il titolo al film; e infine, nell'apocalittico finale in cui Coddy si rifugia in cima a una cisterna c, dopo aver gridato alla madre ormai morta "Top of the world, Ma'!", si fa esplodere sparando alla cisterna stessa.

È nel 1931 che James Cagney, appena trentenne, aveva debuttato nel ruolo del gangster, nel film *Nemico pubblico*, ancora oggi considerato come uno degli archetipi gangster-movie, diretto da William A. Wellman, che narra l'ascesa e la caduta del boss mafioso Tom Powers (Cagney), cresciuto tra le strade di New York e diventato nel periodo del proibizionismo uno dei maggiori gangster della città. Ideale prequel di *La furia umana*, anche qui James

Cagney incarna il gangster implacabile e feroce con i nemici e tenero come un bambino con la madre. Grazie a una recitazione moderna, Cagney ci regala alcune scene memorabili, come quando schiaccia un pompelmo in faccia alla fidanzata che si lamenta o quando, ucciso, viene legato e appeso a una porta di

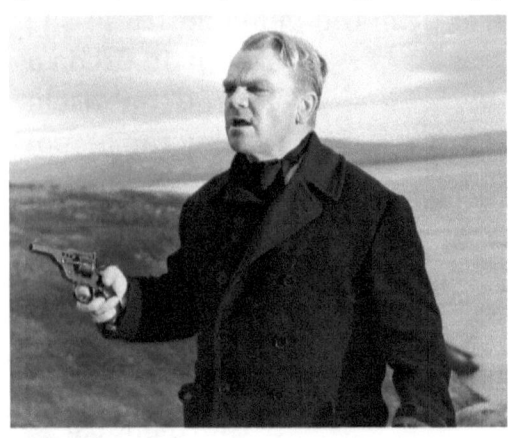

casa, scena che ancora oggi è quasi scioccante. Due anni più tardi, Cagney tornò a vestire i panni del gangster, nel film *Lady Killer*: il personaggio è Dan Quigley, un aspirante attore che grazie alla sua audacia e alla sua disonestà, riesce in breve tempo a diventare una stella fino a quando la sua vecchia banda di New York non si rifà viva. Il film divenne famoso perché accompagnato, a tratti anche intenzionalmente, da alcune voci secondo cui nel passato di Cagney si nascondeva un vero passato da gangster. Il 1934 è l'anno di *Jimmy il gentiluomo*, un film in cui, seppure al di fuori del ruolo di gangster, James Cagney dà ancora una volta prova della sua attitudine ai ruoli da *bad boy* interpretando Jimmy Corrigan, un "cacciatore di eredi" che senza scrupoli nomina falsi eredi con l'unico scopo di incassare una percentuale. Anche in *La pattuglia dei senza paura*, Cagney esce dai classici canoni del gangster, interpretando questa volta un avvocato che si arruola nell'FBI per vendicare un amico ucciso e che non esita a fare uso delle armi (violenza e illegalità) tipiche dei suoi nemici. Nello stesso anno, il 1935, Cagney torna a ricoprire il ruolo del malvivente in *La riva dei bruti* e in *Gli angeli con la faccia sporca*, in cui è un gangster condannato alla sedia elettrica che, pur di salvare altri giovani ragazzi, finge di pentirsi e di avere paura della morte. Questo film sarà l'ultimo dove Cagney interpreterà la parte del *bad boy*, in una pausa che durerà dieci anni, e che si interromperà solo nel 1949 con *La furia umana*; nel 1950, in *Non ci sarà domani*, è un evaso che corteggia la sorella di un compagno di cella ucciso durante la fuga, e nel 1955 gira *Amami o lasciami*, in cui è il boss Martin "lo zoppo" Snyder: un personaggio possessivo e violento, che segnerà una sorta di guado nei ruoli di Cagney. Da lì a poco, avrebbe tentato il salto in altri generi, primo fra tutti il western, col film *La legge del capestro*, in cui interpreta un allevatore violento e vendicativo che, alla fine, mostrerà tutta la sua debolezza. Tre anni più tardi, l'attore si misurerà con la commedia in *Gangster, amore e...una Ferrari*, in cui interpreta un portuale che non esita a usare metodi non proprio convenzionali per arrivare alla massima carica del sindacato. Il film segnerà il suo ultimo ruolo da cattivo, qui per la verità molto atipico, prima di una rimpatriata vent'anni dopo, nel 1981, col film *Ragtime*, in cui interpreta un poliziotto razzista e assassino.

FILMOGRAFIA

La vacanza del peccatore (1930); *The Doorway to Hell* (1930); *Other Men's women* (1931); *Nemico pubblico* (1931); *The Millionaire* (1931); *Smart Money* (1931); *La bionda e l'avventuriero* (1931); *Taxi!* (1931); *L'urlo della folla* (1932); *Winner Take All* (1932); *L'affare si complica* (1933); *Dinamite doppia* (1933); *The Major of Hell* (1933); *Wild Boys on the Road* (1933); *Viva le donne* (1933); *Lady Killer* (1933); *Jimmy il gentiluomo* (1934); *He Was Her Man* (1934); *Marinai all'erta* (1934); *The St. Louis Kid* (1934); *I diavoli in Paradiso* (1935); *La pattuglia dei senza paura* (1935); *Colpo proibito* (1935); *Il sogno di una notte di mezza estate* (1935); *Gli ammutinati del Bounty* (1935); *La riva dei bruti* (1935); *Brume* (1936); *Pugno di ferro* (1936); *Something to Sing about* (1937); *Boy Metts Girl* (1938); *Gli angeli con la faccia sporca* (1938); *Il terrore dell'ovest* (1939); *Morire all'alba* (1939); *I ruggenti anni venti* (1939); *I fucilieri dell'Argonne* (1940); *Zona torrida* (1940); *La città del peccato* (1940); *Bionda fragola* (1941); *Sposa contro assegno* (1941); *Captains of the Clouds* (1942); *Ribalta di gloria* (1942); *Johnny Come Lately* (1943); *Sangue sul sole* (1945); *Il 13 non risponde* (1947); *I giorni della vita* (1948); *La furia umana* (1949); *Non ci sarà domani* (1950); *The West Point Story* (1950); *Alcol* (1951); *Starlift* (1951); *Uomini alla ventura* (1952); *Un leone per la strada* (1953); *All'ombra del patibolo* (1955); *Amami o lasciami* (1955); *Eravamo sette fratelli* (1955); *La nave matta di Mr. Roberts* (1955); *La legge del capestro* (1956); *Quegli anni selvaggi* (1956); *L'uomo dai mille volti* (1957); *Gangster, un amore... e una Ferrari* (1959); *Il fronte della violenza* (1959); *Guadalcanal ora zero* (1960); *Uno, due, tre!* (1961); *Colpi di dadi, colpi di pistola* (1961); *The Ballad of Smokey the Bear* (TV) (1966); *Ragtime* (1981); *Terrible Joe Moran* (TV) (1984)

DELLO STESSO AUTORE:

Guida al cinema di Bud Spencer e Terence Hill
Guida al cinema di Stephen King
Guida al cinema degli zombie Vol. 1
Guida al cinema degli zombie Vol. 2
Guida al cinema degli zombie Vol. 3
Universal Monsters – L'epopea dei mostri in bianco e nero
Zombie in TV
Paulo Dybala – La Joya Argentina
Numeri 1 – I grandi portieri della Juventus
Top 10 – I grandi numeri 10 della Juventus
Champions Italia: Le italiane e la Coppa dei Campioni

NOTE

[1] Rudy Salvagnini, *Dizionario dei film horror – Dall'Abbraccio del ragno a Zora la vampira*, Corte del fontego 2011, p. 366

[2] Stefano Socci, *Fritz Lang*, Il Castoro Cinema, 1995, pp. 26-27

[3] Anonimo, *Das testament des Dr. Mabuse*, su www.fantafilm.net. URL consultata in data 10.02.2016

[4] Laura, Luisa e Morando Morandini, *Il Morandini 2007. Dizionario dei film*, Bologna, Zanichelli editore, 2008, p. 869

[5] Anonimo, *Lon Chaney Senior l'uomo dai mille volti*, da www.fantasticinema.com. URL consultata in data 05.03.2016

[6] Rudy Salvagnini, *Dizionario dei film horror – Dall'Abbraccio del ragno a Zora la vampira*, Corte del fontego 2011, p. 624

[7] Anonimo, *Lon Chaney Senior l'uomo dai mille volti*, da www.fantasticinema.com. URL consultata in data 06.03.2016

[8] Rudy Salvagnini, *Dizionario dei film horror – Dall'Abbraccio del ragno a Zora la vampira*, Corte del fontego 2011, p. 310

[9] Anonimo, *Lon Chaney Senior l'uomo dai mille volti*, da www.fantasticinema.com. URL consultata in data 06.03.2016

[10] Anonimo, *M – Il mostro di Dusseldorf*, da www.cineclub.it. URL consultata in data 12.02.2016

[11] Paolo Mereghetti, *Il dizionario dei film 2002*, Baldini&Castoldi, p. 1359

[12] Ibidem, p. 2165

[13] Ib., p. 1103

[14] Ib., p. 858